# 北京城市副中心行政管理体制创新研究

施昌奎　杨　浩◇著

红旗出版社

红旗出版社
RED FLAG PRESS
推动进步的力量

**图书在版编目（CIP）数据**

北京城市副中心行政管理体制创新研究 / 施昌奎，杨浩著. -- 北京 : 红旗出版社， 2017.10

ISBN 978-7-5051-4305-0

Ⅰ. ①北… Ⅱ. ①施… ②杨… Ⅲ. ①城市管理－行政管理－体制创新－研究－通州区 Ⅳ. ① F299.271

中国版本图书馆 CIP 数据核字 (2017) 第 245461 号

| | | | |
|---|---|---|---|
| 书　　名 | 北京城市副中心行政管理体制创新研究 | | |
| 著　　者 | 施昌奎　杨浩 | | |
| 出 品 人 | 高海浩 | 责任编辑 | 刘险涛　周艳玲 |
| 总 监 制 | 李仁国 | 封面设计 | 纵横华文 |
| 出版发行 | 红旗出版社 | 地　　址 | 北京市沙滩北街2号 |
| 邮政编码 | 100727 | 编 辑 部 | 010-57274526 |
| 经　　销 | 全国新华书店 | | |
| 发 行 部 | 010-57270296 | | |
| 印　　刷 | 廊坊市海涛印刷有限公司 | | |
| 开　　本 | 710mm × 1000mm　1/16 | 印　　张 | 12.25 |
| 字　　数 | 154 千字 | | |
| 版　　次 | 2018 年 1 月北京第 1 版 | 印　　次 | 2018 年 1 月河北第 1 次印刷 |
| 书　　号 | ISBN 978-7-5051-4305-0 | 定　　价 | 48.00 元 |

欢迎品牌畅销图书项目合作联系电话：010 - 57274627

凡购本书，如有缺页、倒页、脱页，本社发行部负责调换。

# 目　录

# 第一章　绪论

建设北京城市副中心，不仅是调整北京空间格局、治理大城市病、拓展发展新空间的需要，也是推动京津冀协同发展、探索人口经济密集地区优化开发模式的需要。研究和设计北京城市副中心行政管理体制，是贯彻中央部署建设北京城市副中心的内在要求，也是落实市委市政府重点工作任务的战略举措，更是打造北京城市副中心现代化治理体系的时代需要。

## 一、贯彻中央部署建设北京城市副中心的内在要求

2016 年 5 月 27 日，中共中央政治局会议研究部署规划建设北京城市副中心和进一步推动京津冀协同发展有关工作，强调要遵循城市发展规律，牢固树立并贯彻落实创新、协调、绿色、开放、共享的发展理念，坚持世界眼光、国际标准、中国特色、高点定位，以创造历史、追求艺术的精神进行北京城市副中心的规划设计建设，构建蓝绿交织、清新明亮、水城共融、多组团集约紧凑发展的生态城市布局，着力打造国际一流和谐宜居之都示范区、新型城镇化示范区、京津冀区域协同发展示范区。要坚持以人民为中心的发展思想，坚持人民城市为人民，从广大市民需要

出发。要广泛应用世界先进节能环保技术、标准、材料、工艺，建成绿色城市、森林城市、海绵城市、智慧城市。要坚持统筹规划生产、生活、生态空间布局，使工作、居住、休闲、交通、教育、医疗等有机衔接、便利快捷。要充分体现中华元素、文化基因，也要借鉴其他文化特色。要坚持先规划后建设的原则，把握好城市定位，把每一寸土地都规划得清清楚楚后再开工建设。要划定好大的空间格局，注重开发强度管控，实现城市开发边界和生态红线“两线合一”。要提升城市形态，有更多开敞空间，体现绿色低碳智能、宜居宜业特点。要创新体制机制和政策，制定配套政策。

2017 年 2 月 23—24 日，习近平总书记再次视察北京并作出重要指示：站在当前这个时间节点建设北京城市副中心，要有 21 世纪的眼光。规划、建设、管理都要坚持高起点、高标准、高水平，落实世界眼光、国际标准、中国特色、高点定位的要求。

落实中央部署要求，就是要用前瞻性和战略性的眼光，研究和设计具有中国特色的城市副中心现代化治理体系。

## 二、落实市委市政府重点工作任务的战略举措

2016 年 12 月召开的中共北京市委十一届十二次全会，确立了 2017 年城市管理重点工作任务：一是研究部署新形势下城市工作，提升城市规划建设管理水平。二是扎实推进城市副中心建设，推动交通、生态、公共服务等各领域项目有序布局。三是加快推进全国科技创新中心建设，自觉服务建设世界科技强国战略。市委主要领导在通州调研时强调，要深入贯彻落实习近平总书记系列重要讲话精神，坚持世界眼光、国际标准、中国特色、高点定位，增强的责任感和紧迫感，树立倒计时意识，加快推动北京

城市副中心建设，为2017年底市级机关启动搬迁打下坚实基础。

2017年北京市《政府工作报告》把“高水平建设城市副中心”确立为2017年重中之重的工作。坚持城市副中心的功能定位，以新的理念编制各项规划设计，严格规划执行。抓紧行政办公区和配套设施建设，年底四大市级机关和相关市属行政部门率先启动搬迁。完善副中心内部路网系统，建设广渠路东延段并开展沿线环境整治。推进一批优质教育医疗项目落地。建设环球主题公园。基本消除通州区黑臭水体，实现副中心现有建成区污水全收集全处理。实施海绵城市试点，大力推进森林湿地和公园绿地建设。深入挖掘以运河为核心的历史文化资源，塑造鲜明的城市特色。坚持建管并举，努力提高城市副中心管理水平。

市主要领导在通州调研时强调，要举全市之力抓紧抓好北京城市副中心建设工作，要求抓好四方面工作：一是高标准做好副中心规划。要做到站位高、看得远、做得实、管得严。规划上要一统起来，从现在起就要严把准入关，认真做好城市设计。二是坚持改革创新。加快研究建立完善与副中心相匹配的城市治理、投融资与财政体制。三是加快推进行政办公区建设。做非常之事，必下非常之功。要保工期、保安全、保质量，确保按时实现既定目标，以“工匠”精神打造建筑经典。四是大力营造和谐宜居环境。加快推进环球主题公园等符合副中心功能定位的现代服务业项目建设，加快补齐城市基础设施短板；城市环境要在亲水上做足文章，利用好水资源、绿化资源提升副中心环境质量，确保PM2.5治理走在全市前列；以全国文明城区创建为载体，整治提升城市市容环境面貌；深入挖掘以大运河为核心的历史文化资源价值，延续城市文脉；加快引导优质医疗、教育资源落户，打造与副中心相适应的公共服务体系和便民生活服务设施。

2017年7月18日召开的北京市委十二届二次全会的有关

精神。

要完成好市委市政府确定的副中心规划建设管理任务，就要有责任感、紧迫感和倒计时意识。时不我待，2017 年部分市直机关就要进驻通州，如果行政管理体制设计达不到国际最新标准和中国特色要求，就会影响北京城市副中心现代化建设进程。

## 三、构建副中心现代化治理体系的时代需要

2015 年 12 月召开的中央城市工作会议指出，城市管理是一个系统工程，要尊重城市发展规律，一要统筹规划、建设、管理三大环节，提高城市工作的系统性；二要统筹改革、科技、文化三大动力，提高城市发展持续性；三要统筹生产、生活、生态三大布局，提高城市发展的宜居性；四要统筹政府、社会、市民三大主体，提高各方推动城市发展的积极性。

现代化的城市治理体系就是要善于调动各方面的积极性、主动性、创造性，最大可能地推动政府、社会、市民同心同向行动，使政府有形之手、市场无形之手、市民勤劳之手同向发力。政府要创新城市治理方式，特别是要注意加强城市精细化管理。要提高市民文明素质，尊重市民对城市发展决策的知情权、参与权、监督权，鼓励企业和市民通过各种方式参与城市建设、管理，真正实现城市共治共管、共建共享。

由于历史和客观原因，目前北京城市副中心行政管理体制距离现代化城市治理体系要求还相差甚远，为了圆满地完成国家战略部署，打造世界建城史上的“精品力作”，给全国人民交一份满意的“答卷”，及时启动北京城市副中心行政管理体制总体设计研究是十分必要的。

研究设计北京城市副中心行政管理体制总体架构意义重大。

一是有利于形成北京城市副中心现代化治理体系。通过梳理国际国内最新理论研究成果和实践经验，总结可供北京城市副中心治理现代化的成功经验和智慧启迪。在深入调研的基础上，对北京城市副中心行政管理体制进行总体设计，关注 155 平方公里与通州的关系，以及北三县的关系，重点对副中心 155 平方公里范围内的行政管理体制进行创新设计，秉承共治下的新公共管理和新公共服务理念，依托大数据和云平台，打造“云动政府”，实现云动、智慧、诚信、共治和高效的服务型政府新模式。二是有利于促进京津冀协同发展国家战略的实施。建设北京城市副中心，不仅是调整北京空间格局、治理大城市病、拓展发展新空间的需要，也是推动京津冀协同发展、探索人口经济密集地区优化开发模式的需要。建设北京城市副中心和推动京津冀协同发展是一体的，北京城市副中心是推动京津冀协同发展的“桥头堡”，其辐射和带动作用明显。三是可以为雄安新区提供城市治理创新经验。2017 年 4 月，中共中央、国务院决定设立河北雄安新区，这是继深圳经济特区和上海浦东新区之后又一具有全国意义的新区，是以习近平同志为核心的党中央深入推进京津冀协同发展作出的一项重大决策部署。雄安新区规划坚持世界眼光、国际标准、中国特色、高点定位，坚持生态优先、绿色发展，坚持以人民为中心、注重保障和改善民生，坚持保护弘扬中华优秀传统文化、延续历史文脉，努力建设绿色生态宜居新城区、创新驱动发展引领区、协调发展示范区、开放发展先行区，努力打造贯彻落实新发展理念的创新发展示范区。雄安新区的规划建设管理在许多方面都和北京城市副中心要求相似，因此，北京城市副中心行政管理体制创新经验可以为雄安新区提供指导和借鉴。

## 四、北京城市副中心行政管理体制创新的着力点

建设北京城市副中心，不仅是调整北京空间格局、治理大城市病、拓展发展新空间的需要，也是推动京津冀协同发展、探索人口经济密集地区优化开发模式、培育创新驱动发展新引擎的需要。北京城市副中心行政管理体制也要按照世界眼光、国际标准、中国特色和高点定位的原则进行创新设计，秉承共治下的新公共管理和新公共服务理念，依托大数据和云平台，打造“云动政府”，实现云动、智慧、诚信、共治和高效的服务型政府新模式。北京城市副中心行政管理体制创新着力点应重点放在顶层设计、协同治理、大数据集成、扁平化构造、大部制改革、公众参与六个方面。

### （一）申请设立副省级的通州新区

加强北京城市副中心的顶层设计，向国务院申请设立副省级的通州新区。建议将现在的通州区升级为副省级市辖区，以加强北京城市副中心统筹力度，推进副中心建设步伐。抓紧时间研究和制定方案，及时向党中央和国务院报告研究和进展情况，说明设立副省级通州新区的意义和重要性，争取党中央和国务院的支持。召开专家座谈会和讨论会，听取专家意见，争取专家支持。开展多方面和全方位的宣传和报道，争取社会公众和舆论的广泛支持。

在等待国务院批复的过渡时期，可以在通州区按照副省级市辖区要求在干部任用上“先行先试”。区委书记、区人大主任、区长、区政协主席均为副部级，副职为正厅级，各职能处室都要相应高配半格。

在未来五年的时间里，北京可以考虑将东城区和西城区合并，成立中央政务区，并将中央政务区设置为副省级市辖区，报请国务院批准。未来北京将有中央政务区和通州新区两个副省级

市辖区。

### （二）筹划建立通州—北三县协同治理机制

建立通州—北三县协同治理组织体系。首先，建立市级协同治理议事机构。赋予足够的决策权、协调权和监督权，负责通州—北三县的发展规划、产业布局和扶持政策，指导项目开发建设和招商引资，科学统筹经济总量、资源能耗、财政收支、社会发展等方面问题。其次，要建立多层次的合作与对话框架，定期召开协调会议。

建立通州—北三县协同治理利益分享机制。通州—北三县一体化发展利益分享机制包括利益分成机制、利益补偿机制和利益帮扶机制。利益分成机制、利益补偿机制和利益帮扶机制应在市政府指导下与各县政府达成，最终形成有约束力的规定。

建立通州—北三县协同治理信息交互机制。在通州—北三县一体化信息交互机制构建中，重点是加强通州—北三县信息港建设，建设宽带的信息高速公路，建立电子政务信息资源和信用体系资源的共享平台，为通州—北三县一体化合作发展搭建良好的信息发展平台。

建立通州—北三县社会治安联防协调机制。随着通州区人口的逐步增加，白天来城市副中心上班，晚上回北三县居住的人数会越来越多，跨区的职居分离给社会治安带来一定困难，建议成立通州—北三县社会治安联防协调办公室，具体负责通州—北三县社会治安联防协调事宜，办公室可设在通州区公安局，北三县公安局为成员单位。

### （三）建设北京城市副中心大数据中心

按照国际标准、高点定位要求建设北京城市副中心大数据中心。在大数据的支撑下建立政府快速反应机制，提升整个社会综合治理水平。建设智慧城区和“云动政府”，有效提供高效便捷的管理服务。

构建“1+4+云”智慧城区及互动平台。在城市副中心考虑建设“1+4+云”智慧城区及云动平台。即“一个中心、四个体系、N个平台”，其中“一个中心”指北京城市副中心大数据中心；“四个体系”指智慧政务体系、智慧经济体系、智慧民生体系、基础信息体系；“云动平台”指城市大数据平台、城市综合信息平台、城市网格化管理平台等多个支撑、支持系统和平台。

建立政府大数据服务平台，提高决策和应急能力。建立北京城市副中心官方数据服务平台，提高政府决策的科学性和应急处理能力，促进政府公共数据查询服务公开透明。在保护国家秘密、商业秘密、个人信息基础上，以政府官方网站为依托，打造在线政府大数据信息平台，向社会公众免费公开非涉密数据。实现信息源与数据平台的实时对接，减少人为干扰和时间滞后，节约人力成本，实现数据共享。

利用大数据推动政务服务体系建设，完善政务中心管理体制，推动简政放权，落实“放管服”精神。第一，利用大数据推动简政放权。建立基础数据库、专业数据库和应用数据库，打通相关各部门之间的数据链，以“技术强制力”克服政务数据碎片化、信息资源共享程度低等问题。通过建立项目并联审批平台，形成网上审批大数据资源库，实现跨部门、跨层级项目审批、核准、备案的统一受理、同步审查、信息共享、透明公开，简化办理程序。第二，运用大数据促进放管结合。面对日渐增多的海量信息，通过改进对大数据资源的利用方式，提高信息使用频率，建立以公众需求为导向的信息化平台，加强政府信息公开工作和数据开放的力度，实现放和管的良性互动。

### （四）推进管理体制的扁平化

国际城市建立“两级政府、三级管理”模式是行政管理体制改革的重要成功经验，北京城市副中心可以尝试建立具有中国特色的行政体制模式，建立党委领导下的“市—区”两级政府，实行“市—区—社区”三级管理体系。在副中心155平方公里核心区内探索新型街区制，尝试建立“党委领导、两级政府、三级管理”的中国特色副中心行政体制模式，完善分层调控机制，推进城市政府治理体系和治理能力现代化。

探索撤销街道办事处，减少政府管理层级。1954年颁布的《街道办事处条例》于2009年由全国人大宣布废止，同时，全国人大又没有制定新的相关法律。这在某种程度上表明，立法者对于街道办事处这样一个机构并不认可。而一些地方推行的取消街道办事处的改革，更是为取消街道办事处积累了经验。街道办事处作为区政府的派出机构，曾经起到它应有的积极作用，但在今天市场经济和法治建设中，它的负面作用不断显现出来。首先是多一个政府层级，容易造成信息失真。其次是多一个政府层级，导致办事效率降低。其三，由于街道办事处是县、区政府派出机构，并不设立人大，不受社区公民选举产生，缺乏平级监督和民众监督。取消街道办事处也符合2004年国务院提出的建设“法治政府”的要求。法治政府是一个有限政府、廉洁政府和高效政府、服务政府。取消街道办事处，将原先“全能政府”包办的事项交由社区和行业自治组织去处理，符合有限政府的要求；取消街道办事处，减少行政层级，减少行政资源的消耗，特别是能防范腐败的发生，符合廉洁政府的要求；取消街道办事处，让公民办事减少审批环节，提高办事效率，让政府工作人员更加务实为民众服务，符合高效政府、服务政府的要求。因此，从总体上看，取消街道办事处，是建设法制、高效率政府的大势所趋。

公共服务下沉“大社区”，更好地发挥社会组织协助治理作用。北京城市副中心的行政管理尝试取消街道办事处，实行“党委领导、两级政府、三级管理”模式，可以将公共服务直接下沉到“大社区”，最大限度为居民提供更多、更便捷的优质公共服务。与此同时，要积极培育扶持社会组织、发挥协助治理的作用。大力发展社区服务类、科技类社会组织和公益慈善类社会组织。培育发展体育运动、文化娱乐等社区组织，建立结构合理、专业化程度高的社区社会组织体系，形成基层政府、基层自治组织与社会组织密切合作的现代治理机制。改革创新登记管理体制，实行社区社会组织登记备案制。建立政府职能转移和购买服务制度，制定政府向社会组织购买服务的指导意见和目录，将适合以市场化方式提供的公共服务事项，交由具备条件、信誉良好的社会组织承担。按照公平、公正、公开的原则，建立竞争择优机制和绩效评价机制，为社会组织参与社会服务提供均等机会。

建议在北京城市副中心155平方公里内，选择一个街道进行试点。探索建立“党委领导、两级政府、三级管理”的中国特色副中心行政体制模式，在总结成功经验的基础上再全面推行。

建议在试点期间，将155平方公里内的所有乡镇转变成为街道。将农村乡镇管理体制变为城市街道管理体制，作为下一步改革的过渡体制。

### （五）实施大部制改革

在通州新区政府机构中实施大部制改革。通州新区的行政部门设计要参照浦东新区和滨海新区的做法，按照大部制改革要求，“合并同类项”，建立综合协调部门。滨海新区政府内设机构设置突出了“协调、精简、高效”原则，共设置了19个内设机构，比上海浦东新区政府机构还少一个。19 个内设机构，国资委为特设机构，其余机构分别为：办公室、发展和改革委员会、经济和信息化委员会、商务委员会、教育局、科学技术委员会、公安局、民政局、司法局、财政局、人力资源和社会保障局、规划和国土资源局、建设和交通局、环境保护和市容管理局、农业局、卫生局、审计局、安全生产监督管理局。目前通州区政府内设机构就有 41 个部门，按照大部制设置最好不超过 25 个。

在基层“大社区”中实施大部制改革。2016 年深圳罗湖区经过试点在全区街道全面推行“5+2+2”大部制改革，综合设置 5 个部（综合部、党群工作部、平安建设部、民生事务部、发展更新部）、2 个办（公共安全办公室、城市治理办公室）、2 家事业单位（公共事务中心、网络中心），形成“五部两办（队）两中心”的新型管理体制。目前通州的街道办事处内设机构有近 20 个科室，将来改成“大社区”之后，也要参照深圳罗湖区街道大部制改革的做法，部门设置最好不超过 10 个。

### （六）探索共建、共治、共享的多方主体参与机制

建立北京城市副中心政府购买城市管理服务运行机制。坚持“改革创新，有进有退”“公开择优，平等竞争”“规范管理，注重绩效”的原则，深化政府购买公共服务改革，建立北京城市副中心政府购买城市管理服务运行机制。完善政府购买服务的指导目录，明确服务项目选择、定价、竞标、考核及承接主体信用体系等实施机制。以基础设施管护、公共交通治理、绿化养护、环境整治等领域为主，在新区 CBD、政务区等重点地区率先开展政府购买城市管理服务试点，逐步推广到全区范围。

健全“枢纽型”社会组织参与的服务机制。创建区、街镇、社区三级“枢纽型”社会组织参与服务平台，以公益创投、政府

采购、设立项目资金等方式，加大对“枢纽型”社会组织参与城市建设管理的扶持力度。定期开展政府对社会组织的业务指导和依法监督，率先实现社会组织工作体系全覆盖。鼓励引入政府与社会资本合作（PPP）方式，推进基础设施、市政公用、公共服务等领域的社会化、市场化运营，引入第三方治理主体。以驻区创新创业人才和居民的需求为导向，培育志愿服务、公益慈善、社区管理等组织，建立社区、社会组织和社工“三社联动”机制。

构建副中心与企业、科研机构共驻共建机制，并积极争取北京市试点。发挥迁入新区科技企业及科研机构的积极性，建立驻区经济组织参与北京城市副中心城市治理的共驻共建长效机制，不断健全与驻区单位的内外协调联动机制。充分利用驻区大型企业、科技创新机构在资源、信息、人才和营销渠道等方面的优势，探索通过奖励、补贴、服务“绿色通道”等方式，支持驻区企业和机构提供大数据等信息服务，鼓励其将部分文化场所、停车设施等适时向周边社区居民开放。

加强社区居民自治体系建设。推广“参与型”社区协商模式，健全社区议事协商会议和社区事务听证会制度,逐步将公共服务、公益事业等事项纳入民主议事范畴。发挥市民公约、居规民约、组织章程等社会规范在社区治理中的作用,培养居民的规则意识、程序思维和法治认同。以破解社区安全、物管服务、停车管理、环境维护等治理难题为出发点，加快社区自管会、村民自管会等自治组织建设，引导居民自我服务、自我管理。依托互联网、微信公众号、手机 APP 等新媒体构建新型公众自治参与渠道，建立城市管理公众评价机制，鼓励居民参与城市建设管理的突出问题和重大事项。

# 第二章　行政管理体制国际国内经验与启迪

## 一、行政管理理念启迪

### 1. 新公共管理理念：重视效率优先

伴随全球化、信息化、网络化时代的到来，传统官僚体制运作下的西方政府既无力应付自身机构膨胀、财政开支加大的困境，其公共物品供给能力的薄弱又无法满足不断增强的公共需求。20世纪70年代末以来，西方发达资本主义国家实行的政府改革引起了极大的社会反响。英国撒切尔内阁、美国里根政府等率先开始对公共部门进行改革，构建区别于传统政府有限论和以市场解救“政府失灵”的新公共管理模式。20世纪60年代以来，西方民权运动风起云涌，经济滞胀初露端倪，失业以及公共安全、环境污染、社会保障等矛盾日益暴露，这与公共行政模式的预期形成很大的反差。一场来自政府和公共部门内部的改革运动——肇始于英国，随后在美国，进而扩大至西方主要发达国家，最后又波及许多发展中国家和转型国家。这场行政改革运动即新公共管理运动一开始就是实践导向的，强调效率理念。新公共管理理念与模式侧重于政府和公共组织的内部结构、公共服务的供给方式的根本性改变，而其最终目标则是要减小政府规模、压缩政府活动空间、创新服务供给方法，以更低的费用、更高的效率实现公共目标。新公共管理不是小修小补传统行政体制，而要以市场和效率为基本导向实现行政管理体制的范式革命。

“重塑政府运动”“企业型政府”“政府新模式”“市场化政府”“代理政府”“国家市场化”“国家中空化”等，只是对这场改革的不同称谓。区别于传统公共行政典范的、新的公共管理模式正在出现。新公共管理理论的突出代表是美国学者戴维·奥斯本（David Osborne）和特德·盖布勒（Ted Gaebler），他们在《改革政府：企业家精神如何改革着公共部门》一书中将新公共管理改革的原则概括为起催化作用的政府掌舵而不是划桨，社区拥有的政府授权而不是服务等十个方面[①]。赫克谢尔（C.Heckscher）指出，政府改革打破了单向的等级指挥关系，建立了互动交流和导向管理，并开始向“后官僚组织”变迁[②]。而巴扎雷（Michael Barzelay）说，摒弃官僚制的时代已经到来，公共管理由重视“效率”转而重视服务质量和顾客满意度，由自上而下的控制转向争取成员的认同和争取对组织使命和工作绩效的认同。胡德（Christopher Hood）把西方国家的政府改革所体现出来的政府管理新模式称作新公共管理典范。根据新公共管理理念，其对行政管理体制改革的启迪在于：

一是强调效率理念。关注财政控制、成本核算和效率问题，建立执行有力、绩效提升的行政管理中心，要求明确的目标定向和绩效管理。

① ［美］戴维·奥斯本、特德·盖布勒：《改革政府：企业家精神如何改革着公共部门》，上海译文出版社 2006 年版，第 1—233 页。

② C.Heckscher. The Post-Bureaueralie Organisation: New Perspectiveson Organisational Change.New Delphi:Sage,24,1994.

二是减少直接干预。要减少对企业和社会的直接干预，打破垄断，引入竞争机制，实行公共服务社会化，从而减轻政府负担，缩小政府规模。我国历次行政体制改革对政府的角色定位都做出过调整，但我国目前的政治体制以及经济结构使得我国还不适合将政府的职能过多地转交给市场或社会，而且即便要将政府的一部分职能交给市场或社会，也应该是一个循序渐进的过程。目前，我国在政府角色定位和职能转变上还存在许多问题。一方面，政府的管理对象中，有许多政府并不能对其进行有效的管理；另一方面，本该由政府管理的职责却做得不够好。要增强政府服务中的顾客意识，为政府角色的合理定位打好思想观念上的基础。我国转变政府职能的关键环节在于还权于企业、社会和公民，实行政企分开，政事分开，政府不以公共权力主体的身份介入私人关系领域。

三是创新行政方式。充分借鉴企业管理手段，如项目招投标、质量管理、使用者收费、合同外包、人力资源开发等，实现政府管理创新；运用现代信息技术，推进电子政务，再造政府管理流程；开展政府绩效评估，如英国推行政府公共服务承诺制，美国实行联邦政府绩效管理。

四是强化分权改革。围绕决策权与执行权的分离，将政府部门分解成决策部门和具有特定服务功能的执行机构，通过签订责任书等方式，明确执行机构的责任范围、工作目标及考核标准。

2. 新公共服务理念：强调公平理念

以美国亚利桑那州立大学的登哈特教授夫妇为代表，提出了新公共服务理论，新公共服务理论主要包括：

一是政府的职能是服务，而不是掌舵。新公共服务理论强调政府的职能是服务，而非掌舵。在新公共管理理论中，奥斯本和盖布勒指出新公共管理的基本原则之一便是政府是起催化作用的，也就是说，新公共管理理论倡导的政府职能更侧重于政府决策层面，而非执行层面。新公共服务理论的提出者登哈特认为，当前许多行政官员都更加关注掌舵，而政府的工作重点应该是服务。

二是追求公共利益。公共利益不是公民单个个人利益的叠加或集合，而是管理者和公民共同的利益和共同的责任，它是目标而不是副产品。公共行政官员必须致力于建立集体的、共享的公共利益观念，政府应该致力于为公众营造一个无拘无束、真诚的对话环境，使公民能够清楚地表达共同的利益以及价值观念，使公共利益居于主导地位,并鼓励公民为了公共利益采取一致行动。

三是为公民服务，而不是为顾客服务。新公共服务理论认为政府与公民的关系不同于企业与顾客的关系，因此政府服务的对象是全体公民,顾客的需求有先后之分、利益有长期和短期之分,而对于公民，政府必须关注其需要和利益，要以公平和公正为原则为他们提供服务，因此没有先后之分，政府要关注的是全体公民的公共利益，而公共利益产生于关于共同价值观念的对话中，故政府必须要努力在其与公民的关系中建立信任与合作关系，注重公民的呼声。

四是重视人，而不只是重视生产率。新公共服务理论家强调通过人进行管理，公共组织及其所参与的网络要在尊重所有人的基础上，通过合作和分享领导权来运作。如果要求公务员具有责任心、奉献精神和公民意识，那么公共管理机构的管理者首先要善待这些公务员。公务员既不是只需要保障和组织的一种官僚职业的雇员，也不只是市场的参与者，他们希望自己与别人有所区别，要求得到承认和支持，希望能够实现自身价值。

五是公民权和公共服务比企业家精神更重要。企业家注重的是最大限度地提高生产率和增加企业利润，而公共行政官员绝对不能采取这样的行为和思维方式，他们不是公共机构的所有者，政府的所有者是公民。公共行政官员有责任通过担当公共资源的管理员、公共组织的监督者、公民权利和民主对话的促进者、社区参与的催化剂以及基层领导等角色来为公民服务。行政官员必须将其在解决和治理公共问题的角色定位为负责任的参与者。①

新公共服务理论是对新公共管理理论的补充和完善，它在理论上有诸多创新之处，高度重视公民权和公共利益，提出了适合现代公民社会发展的新理论，也提供了一种新的政府管理模式，对于指导公共服务的实践具有重要意义。新公共服务理念的主要启迪在于：

一是维护公共利益，倡导公平原则。新公共服务理论的核心价值理念是追求公共利益，公共利益是一种共同、公平的事业，源于公众对共同价值准则的对话协商，关键是所有的公民能够参与其中，只有当公民参与其中，对公共利益的关注程度就会超过对自身利益的关注，当他们能够根据公共利益去行动时，社会的广泛利益才能统一起来，最终惠及每个人的利益。公共行政的过程应该维护公共利益和社会公平的过程，公平原则应该贯彻于行政管理全过程。

二是尊重公民权利，回应公众诉求。新公共服务理论将公民权利、公民诉求至于首位，强调对公民的服务和利益诉求，并将权力授予公民。新公共服务理论家们相信公共组织如果能在尊重公民的基础上通过合作和分享的过程来运行,就一定能获得成功，所以提出政府必须要真正了解公民在关心什么，必须对他们的需

① ［美］珍妮特·V. 登哈特（Janet V. Denhardt）、罗伯特·B. 登哈特（Robert B. Denhardt）著，《新公共服务：服务，而不是掌舵》，方兴，丁煌译，中国人民大学出版社 2014 年版。

要和利益作出回应。

三是重塑政府角色，改善公共服务。新公共服务理论批判新公共管理将政府的职责放在划桨或掌舵上，看到当今政府不再仅仅是处于控制地位的掌舵者，同时也是重要的参与者。它认为公共管理的本质是服务，政府或公务员的首要任务是帮助公民明确表达并实现他们的公共利益，而不是去控制或驾驭社会，即主张努力构建一个具有完整性和服务性的公共机构。新公共服务理论奉行服务理念，凸显公民权利、公民意识、公民身份和公民价值，对北京城市副中心行政体制改革、构建服务型政府有着重要借鉴意义。

3. 公共治理理念：提倡社会共治

公共治理是由开放的公共管理与广泛的公众参与二者整合而成的公域之治模式，具有治理主体多元化、治理依据多样化、治理方式多样化等典型特征。自 20 世纪 80 年代，随着全球化进程的加快，公共事务的复杂性、动态性和不确定性增加，一种新的治理机制诞生。1989 年，世界银行在探讨撒哈拉以南非洲发展问题的报告中，把非洲当时的情况称之为“治理危机”。新治理是指“政府与社会之间的伙伴关系”。传统治理主要是统治、管理或统治方式、管理方法，即统治者或管理者通过公共权力的配置和运作，管理公共事务，以支配、影响和调控社会。

公共治理的兴起是西方政治学家在社会资源的配置中既看到了市场的失效又看到了国家的失效[①]。国家与社会、政府与市场等二分法在 20 世纪后期纷纷陷入困境，追求社会科学理论的新范式，寻找国家、市场和社会的重新定位，成为实践与学术的

① 俞可平 . 引论：治理与善治 .[J]. 马克思主义与现实，1999 (5).

双重迫切需求[①]。沃尔夫认为，市场与政府之间的选择是复杂的，而且这种选择通常不是单纯地选择市场或政府，往往是两者在不同组合之间的选择，以及某种配置资源模式的不同程度之间的选择[②]。顾建光（2007）认为新的公共治理是相关各方为影响公共政策的结果而开展互动的方式[③]。公共治理区别于传统政府统治、公共行政或公共管理，体现为一种公共事务管理方式的革新，表现为管理权力的重心由政府向市场和社会转移。

综上所述，公共治理概念包含以下内涵：

一是实现善治。善治这一概念首先由世界银行提出，从字面意义上可以理解为良好的治理。世界银行所提出的善治，主要是指有效率的管理，最初只是一个“政治中性”的定义，但是后来这个概念不断丰富，逐步涵盖一个国家民主政治的善治。俞可平的《治理与善治》中指出，治理的基本含义是指官方的或民间的公共管理组织在一个既定的范围内运用公共权威维持秩序，满足公众的需要，其最终目的是要达到“善治”或者好的治理状态。善治的主要理论主张包括：增加政府与公共事务的透明和责任，减少公共支出的浪费；增加基本健康、教育和社会保障方面的投入；通过规制改革提升私人部门的力量。这些措施强调合法性与效率的政治、行政和经济价值。

二是没有政府的治理。没有政府的治理关注政府作为一个政策行动者的角色问题。政府在政策中的角色分为三种情况：第一，政府中心视角。在这种极端情况下，政府完全主导政策。第二，社会中心视角。在这种极端情况下，政策制定完全由私人和非营利组织主导，形成了“没有政府的治理”体系。第三，政府、私

① 王诗宗．治理理论及其中国适用性．[M]．杭州：浙江大学出版社，2009．

② [美]查尔斯·沃尔夫．市场，还是政府——不完善的可选事物之间的抉择．[M]，陆俊，谢旭译，重庆：重庆出版社，2007.

③ 顾建光．从公共服务到公共治理．[J]．上海交通大学学报．2007(3)．

人和半官方组织形成伙伴关系的治理，它是“有政府的治理”。需要说明的是，“没有政府的治理”并不等于“没有政府参与”的治理，而是没有政府权威的治理，是一种自愿的治理形式。

三是网络治理。网络治理中的网络是指行动者的网络，网络治理泛指多重行动者参与的治理。依据其结构，又可以分为垂直、水平和混合三种形式。这些文献分为很多流派，主要区别在于网络的类型是公共网络、私人网络，还是公私混合网络。在所有同类文献中，网络被概括为多中心的治理形式，而市场是多源中心的，政府和企业是单一或层级形式的。Rhodes 认为，网络一般采取自我组织的形式，它们逐渐形成了自己的政策环境，在根源于信任的基础上，利用谈判和协调来达到资源的交换，实现共同的目标。网络化治理倡导一种合作、互动的治理思路，这一思路的实现，有赖于信任机制和协调机制的培育和落实④。

公共治理理念的启迪主要体现在以下方面：

一是参与式的管理过程。治理与管理有着微妙的关系，治理包含着物质的生产与服务的传递，因此治理离不开管理。治理的管理活动既不是官僚体制下的行政命令，也不是市场模式下的交易与契约，传统治理的管理活动是掌舵，而新治理理论的管理活动既包含着掌舵，又包含着参与、协调、谈判与合作等复杂管理。在治理过程中，政府作为参与者之一，也许不再充当领航者的角色，与其他伙伴如社会公众、企业、社会组织等构成平等的伙伴关系，社会公众应积极参与公共治理过程，不应作为附属或者被管理者角色。

二是多元主义的合法性保障。多元主义是治理的最重要特性之一，“多元”包含治理主体的多元化、权力的多中心化两层涵义。首先，治理不是指政府“唱独角戏”这种模式，而是社会组

④ 鄞益奋．网络治理：公共管理的新框架．[J] 公共管理学报．2007(1)．

织的广泛参与，从国际层面到社区组织；从官方（政府）到非官方（私人与非营利组织）。治理与分权是联系在一起的，没有分权就很难形成治理。主体的多元化容易形成多个权力中心，多个权力中心的竞争，有助于克服权力垄断所带来的弊端，增强治理的合法性。

三是制度保障治理的秩序。治理的过程是一个集体行动的过程，参与者必须在制度约束的框架内行事。与传统制度不同的是，治理框架下包含着大量的非正式制度。政府组织、私人部门以及半官方组织最后所达成的协议既可以是书面的，也可以是口头的；既可以是法律文件，也可以是不完全的契约；既可以是严谨的条款，也可以是松散的关系。

四是网络增强适应性和弹性。网络性是指行动者之间以及不同行动者所组成的组织之间，打破了传统的垂直与水平的关系，形成了错综复杂的网状结构，网络中各节点互动频繁，共同适应外部环境的变化，形成一种权变式的管理。

五是打破二元划分，以善治为结果。治理打破了传统的二元划分方法，公共与私人之间的边界变得模糊，彼此在行动体系中形成伙伴关系；政府与社会之间越来越相互整合，合作性的政策制定，参与式决策越来越普遍；市场与层级之间的差异在消失，网络结合了市场与层级之间的优势，弥补前两者的失灵。打破二元划分解制了部门间、层级间和主体间的限制，为实现效率和公平的善治铺平了道路。

#### 4. 大数据精细化理念：体现云动治理

“大数据”自身核心理念为“一切皆可量化”，它是由数量巨大、结构复杂、类型众多数据构成的数据集合，是基于云计算的数据处理与应用模式，通过数据的整合共享、交叉复用，形成的智力资源和知识服务能力。精细化管理本身也是一种理念，一种文化。它是社会分工精细化、以及服务质量精细化对现代管理的必然要求。现代管理学认为，科学化管理有三个层次：第一个层次是规范化，第二个层次是精细化，第三个层次是个性化。精细化管理就是将管理责任具体化、明确化，问题处理精准化、高效化，它的四字真言为“精、准、细、严”。运用大数据在数据采集、数据分析、数据应用基础上，可真正实现并进一步推进精细化管理。大数据应用与精细化管理结合，其创新理念在于：

一是大数据的价值挖掘降低精细化管理成本。一方面，日常行政管理中存在大量利用率很低的附带数据，通过大数据价值挖掘，可将其更有效地存储、分类、加工，特别是非结构化和半结构化数据的处理；另一方面，通过技术创新解决海量数据价值密度低和处理速度慢的问题，从而实现其价值创造，降低管理成本。国外有关于大数据在政府管理应用方面的通过新增价值而降低管理成本的测算。例如欧洲公共管理部门估计，通过应用大数据提高政府管理效率，其公共管理部门每年可创造价值 2500 亿欧元，欧洲发达经济体可以节省开支超过 1000 亿欧元；美国的医疗管理部门测算如能够富有创造性且有效地利用大数据，每年通过数据获得的潜在价值可超过 3000 亿美元，能够使美国医疗卫生节省 8% 以上的开支。二是大数据的高效智能提升精细化管理效率。尽管在“小数据”时代也能推进精细化管理，但往往难度较大，特别是从投入和产出角度而言可能会出现“愿望精细化、实施粗放化”的尴尬。大数据的加入，尤其是随着“智慧城市”建设的推进，高效智能化大数据管理进一步提升精细化管理效率。三是大数据的精准分析提升人性化管理水平。不断满足被管理人员的管理和服务需求，按照以人为本的要求推进行政管理是行政体制精细化管理的应有之义。大数据具有全面、精准、定量的分析功能，由于具备海量数据的存储和加工功能，大数据可以便捷高效地实现整体到分类、抽样到全样本、定性到定量的分析。这将为因地、因时、因人制宜的服务，堵疏结合、注重源头、标本兼治地进行行政管理提供强大的技术支撑。四是大数据的模拟预测提升科学管理决策水平。避免"拍脑袋"决策，实现"用数据说话"是提高管理决策水平的根本。通过对大量历史数据的分析，可以从中发现以往难以察觉的行政管理规律，并据此预测可能发生的事情和问题，进一步可视化、仿真化地模拟行政管理未来运行的"真实"场景。

大数据精细化管理理念的主要启迪在于：

一是管理系统化，实现全局掌控与部门信息整合，重构行政关系。要打破因管理碎片化导致的信息孤岛和部门壁垒现象。行政管理部门的碎片化管理现状无法满足多样化的大数据时代特征，故应进一步推进网格化管理，促进多部门、多环节管理高效化、有效化的协作机制建设。从优化资源配置、信息技术的应用以及风险管理等多方面实行网格化管理策略，以实现资源信息全面共享、岗位责任层级落实，将原来传统、被动和分散的碎片化管理，转变为现代、主动和系统的网格化管理。《大数据时代》作者舍恩伯格说：以后这些数据部的分析人员、统计局、信息中心人员看到的是一个个数据，而不是一个个人。这就是要抛弃个体，看整体、看群体、看关联、看特征，需要各部门通力合作，资源共享，内部体系关联，提高大数据利用效率的同时，点线面结合，系统掌控全局，并清晰入里看到局部、细部。

大数据时代的特征之一是要整体性、系统性、不要抽样，信息完整呈现的技术障碍已经不再存在，问题出在过于碎片化的执法体制及由此带来的相对封闭的行政权力运行机制。大数据发展的障碍在于政府数据的流动性与可获取性，要实施"互联网+"

行动计划和国家大数据战略，必须首先打破机关之间的隐性壁垒，立足行政整体性原则，在政府信息采集规范化、标准化基础上，加强不同行政部门之间的协作与合力，实现信息的流动与分享。如在社会信用体系的建构中，分散在工商、税务、质监、民政、公安等不同部门的信息需要整合到统一的信用信息平台，这就对部门信息采集的规范化、标准化、对信息能够真正做到共享，提出规范要求。实现后将极大缩短企业经济活动周期、降低成本，减轻人们到行政机关办事的负担。

二是管理精准化，真正实现精、准、细、严管理。大数据的应用使得管理细节放大，使管理者对每一个对象的内容、状态、位置、属性等有详细准确的了解，并可通过模型、模拟等定量手段对每个现象、问题进行分析、预测，使管理决策趋于定量化、更理性，有效避免盲目臆想、凭印象、靠推测的感性决策。科学决策要想改革现有的管理方式，从海量微观数据中找出有价值的信息，形成一套完整的数据综合分析利用体系，行政管理部门需要：首先是顺应大数据时代的变化，向精确分析、智慧支持的职能转变，合理、有效地分析和利用海量数据，为相关企业和社会组织提供智力支撑和决策支持。其次是从关注宏观数据转变为在意微观数据，改革现有的管理方式，形成一套完整的数据综合分析利用体系，提供数据的分析决策参考。第三是调整相关机构设置，按照数据收集、存储、分析、输出的流程设定相应机构，各职能部门进行网格化管理以保证输出数据的科学性和精确性。

三是管理有效性，实现实时、开放、透明管理。管理信息化、网络化的最大特点是实现管理决策的及时性、有效性，使管理信息可存储、可查询、可追溯，使部门信息关联互动，部门与部门之间合作共治，如此提高了管理效率。政府需要更为透明、开放。政府是最重要的数据采集者，在履职过程中制作和获取了海量信息，政府掌握的海量数据如果不向社会开放，花费很大成本建立起来的数据库所能发挥的价值就很有限，因此，必须让数据发声，以实现其价值最大化，最终推动经济、社会的创新发展。从公开政府走向开放政府，正在全球范围成为一种趋势。迄今，政府开放数据运动在世界范围仍方兴未艾，越来越多的国家加入其中开放了自己的政府大数据。我国《政府信息公开条例》自 2008 年 5 月 1 日开始实施，目前国办正在研究起草修改《政府信息公开条例》，如何在公开政府的基础上走向开放政府，应当是修改条例要解决的一个重要问题。因为“互联网 +”行动计划与国家大数据战略的实施，需要建立在政府信息充分公开基础之上，如果公民、法人和其他组织不享有充分的知情权，获取政府信息时存在很多这样那样的困难，政府数据难以为社会充分使用，其价值将是有限的。

四是注重解决数据的安全、整合、人才等问题。大数据时代最大的挑战是隐私保护与数据安全问题，如何保障数据的备份和恢复不受干扰，个人隐私、重要机密不被窃取是需要特别重视并亟待有效解决的重要问题。大数据应用过程中，数据整合是提高数据应用效率与价值的重要环节，亟待形成跨领域、跨部门系统化整合型数据库。大数据时代呼唤创新型人才，美国麦肯锡公司预测，到 2018 年美国在深度数据挖掘技术方面的人才缺口将达 14 万—19 万人，我国也面临相同问题并亟待解决。动态管理快速和灵活的大数据时代特征对行政管理部门传统的管理模式提出了更高的要求，因此，积极实施动态管理十分必要。通过已有的数据信息，合理预测，做出宏观的、系统的管理决策；通过及时更新数据信息，对管理决策进行实时的评估、修改和补充，不断调整管理思路和方法，以适应不断变化的环境；通过建立预警系统、评估系统和问题处理系统，充分发挥动态管理的优势。

## 二、国际成功经验与启迪

目前国际上发达城市或城市群主要是纽约、东京、伦敦、巴黎，这四大国际城市群能够成为一流国际大都市，与其优良的公共治理效率、高效的行政管理体制密不可分。2014 年 2 月，习近平总书记视察北京提出要建设国际一流的和谐宜居之都。2015 年 8 月，《京津冀协同发展规划纲要》明确提出京津冀将建成以首都为核心的世界级城市群。北京作为国家首都，加快建设城市副中心，如何实现这一战略目标？这就迫切需要在发挥自身优势和特色的同时，加强对国家发达城市的行政体制模式进行比较研究。研究典型的国际城市的行政体制设置、运行模式和演化态势，总结其体制改革的内在规律和主要特征，对于建立和完善北京城市副中心的行政体制架构、打造人民满意的服务型政府、推进国际一流的和谐宜居之都建设具有重要的经验借鉴和政策启示。纽约、伦敦、东京和巴黎等城市在行政管理体制模式选择上各具特色，无论是演变历程还是现状特点，这些城市的行政体制模式具有许多相似的特点和发展趋向。对伦敦、纽约等国际城市在行政层级设置、职责划分等方面进行比较，如表 2.1 所示。

**表 2.1　国际城市行政管理体制模式比较**

| 城市 | 人口总数（万人） | 面积（平方公里） | 运行模式 | 区级行政数 | 主要特点 |
|---|---|---|---|---|---|
| 伦敦 | 863（2010） | 1577.3 | “市—自治市”模式 | 33 | 实行议行合一，横向权力不变，强化地方自治 |
| 纽约 | 1943（2010） | 1214 | “市—行政区—基层社区单元”模式 | 5 | “强市长制”“强市弱区制” |
| 东京 | 3667（2010） | 2188 | “都—特别区”和“都—市町村”模式 | 23 | 两级管理、不强调上下对口，设立都区协议会，机构精简，管理扁平化 |

续表

| 城市 | 人口总数（万人） | 面积（平方公里） | 运行模式 | 区级行政数 | 主要特点 |
|---|---|---|---|---|---|
| 巴黎 | 1049（2010） | 105.4 | “市一行政区”模式 | 20 | “强市长制”“强市弱区” |

数据来源：人口数据来源世界银行《世界发展指标》2012年，其他数据来源相关网站和张智新（2011）论文

1. 国际主要城市行政体制改革经验

（1）华盛顿特区的行政层级经验

华盛顿特区全称华盛顿哥伦比亚特区（英文为 Washington,D.C.）是美利坚合众国的首都，位于美国东岸的中大西洋地区。华盛顿在行政上是由美国国会直接管辖的特别行政区，不属于任何一个州。华盛顿特区的土地最初来自马里兰州和弗吉尼亚州。哥伦比亚特区建立时，波多马克河北岸包括乔治城（Georgetown,D.C.）、华盛顿市（Washington City,D.C.）和华盛顿县（Washington County,D.C.）。1878年，三地合并为“华盛顿”，哥伦比亚特区和华盛顿市成为具有双重政治意义的、由同一个政府机构管理的同一块土地，其英文名称中的逗号表明其双重含义。华盛顿特区的最高权力机构为美国国会，通过华盛顿市政府实施管理，但是华盛顿市民在众议院仅有一名有选举权的代表，在参议院没有代表。

华盛顿特区是美国的政治、文化和教育中心，经济色彩不浓，是大多数美国联邦政府机关与各国驻美国大使馆的所在地，也是世界银行、国际货币基金组织、美洲国家组织等国际组织总部的所在地，还拥有为数众多的博物馆与文化史迹。华盛顿特区是一个面向国际的现代化都市，其城市规划、基础设施建设和市政管理很有特色。

第一，执行多元化分散管理。市政管理实行“多元化”分散管理，即政府、公司、社团、个人分担城市管理功能。在城市管理中，除政府外，重视非政府组织、社区和市民自治，在平等、协作的理念基础上，以利益为导向，以法理精神为基础，以契约关系为手段，强调市民的自我管理和参与意识，达到自我完善、自我发展的目的。

第二，以信息化网络化为基础。政府设置空间数据资料，并通过网络对华盛顿的信息资源进行统一管理。在城市管理过程中，城市地理信息系统是基础的应急和决策支持系统，开展网上审批、电子政务、城管监察、城市监控等业务，为实现“政府上网”、建立“数字政府”奠定基础。

第三，市政管理实行问责制。市政官员必须严格依法照章办事，一旦违反法律规定，必须负起相关法律责任。市政府所做一切都要定期向市立法机关汇报，还通过新闻招待会、市政府公共网络和听证会等方式向市民公布，接受相关机构和市民的监督。

第四，管理体现人性化，便民化。华盛顿的重大市政建设方案都要广泛征求市民意见，城市管理主动接受市民参与和监督。此外，市政府采取许多便民措施、设立相关便民服务项目，为市民的日常生活提供便利，将便民措施制度化、服务机构固定化。市政府的服务意识已经深入到民众生活的各个角落。

（2）东京新宿副中心的产业发展经验

东京的城市管理权被保留在了东京都政府内，“为保证在人口高度集中的大都市地区实现行政一体化以及统一化，东京都认为应该通过该区域进行一体化处理”。也就是说，东京在处理城市事务时，对城市进行统一化管理，在政策实施方面具有独立性。“都政府和区政府所属政府部门和下设机构并不像我国一样完全对口，而是按照各自职权划分和市民的需求偏好来设立，有效避免了金字塔式官僚机构带来的效率低下、人员膨胀等弊端”（表 2.2）。东京的特别行政区作为特殊的地方公共团体，也被赋予了自主处理区内公共事务的权力，东京因而形成了都区两级自治政府的行政体系。

**表 2.2　新宿区政府组织架构**

| 部门 | 科室 |
|---|---|
| 总务部 | 市政府办公室、计划财务科、宣传科、信息管理科、城市振兴科、合同物管科 |
| 福利部 | 社会福利科、监察科、育儿支援科、护理和老人福利科 |
| 保健医疗部 | 区域医疗对策科、保险年金科 |
| 市民生活部 | 民事科、税务科、收纳科、生活环境科、人权推进科、环境卫生科 |
| 商工观光部 | 旅游科、商业和产业振兴科、电视剧联络室 |
| 建设部 | 城市规划科、道路科、高速公路建设促进室、区划办公室、建筑科、建筑指导科 |
| 上下水道部 | 下水道科、河道总务科、河道业务科、河道工程科 |
| 派出所 | 各支所、下设总务科、住民科、农林建设科 |
| 消防部 | 消防总务科、消防科、消防站 |
| 市民病院事务部 | 医院总务科、市民医院医疗业科、市民医院咨询支援中心 |
| 财务管理部 | 会计科 |
| 教育委员会 | 教育总务科、学校管理科、社会教育科、文化遗产科、体育及学校午餐科、地区的教育中心 |
| 议会事务局 | |
| 选举管理委员会事务局 | |
| 监察委员事务局 | |
| 农业委虽会事务局 | |

东京新宿副中心面积为 18.23 平方公里，位于东京市区内中央偏西的地带，紧靠东京老 CBD（千代田—港区—中央区），距离千代田 CBD（银座所在地）约 7 公里，南临涩谷地区，北接池袋地区，是东京市内主要繁华区之一。以新宿车站为中心，新宿副中心包括三个功能区，即西新宿、新宿车站南口和东新宿。西新宿，是东京政府新规划的行政与商务新都心，东京都的行政中心东京都厅舍位于此，周围是超高层建筑群，为大型企业总社

驻地；新宿车站南口，是百货公司与商店街云集的商业地区；东新宿，是最热闹的传统商业街地区，与西新宿的现代化与整齐格局迥异。新宿副中心是东京新的CBD，其定位为带动东京发展的商务办公、娱乐中心。新宿产业发展及助力产业发展的经验主要表现为：

第一，生产与生活性服务业协同发展。新宿副中心的生产性服务业高度发达，但新宿在产业空间布局上，避免了单纯地发展生产性服务业或者商业服务业，而是充分将二者有机结合，一方面利用商务办公功能集聚高品质的商务人群；另一方面利用商业集聚人气，避免CBD昼夜人口差距过大，沦为空城。休闲娱乐业—宾馆酒店业—餐饮业的发展为生产性服务业以及零售商业提供了配套服务，生活性服务业和生产性服务业形成了密切的关联效应，共同为新宿服务业的发展注入持续活力。

第二，交通先行引导及优化产业布局。在东京都副中心的发展过程中，中央政府和东京都政府设计合理的交通系统起到了重要作用。东京地铁系统建设由中央政府和东京都政府共同投资，主体工程完工后交由独立公司运营，如此提高了地铁系统运营的效率。新宿位于东京市区西侧最重要的交通节点处，共有11条轨道交通线路交汇，加之以周边密集的公交线路、高速线路等，为商务与商业职能的发展奠定了良好的基础。新宿副中心的形成也是充分利用了交通枢纽的集聚经济。此外，通过地下空间的开发利用以及人行天桥等步行回路的设计，将交通枢纽带来的分割效应减小到最低程度，很好的优化了产业空间布局。

第三，科教事业与人才供给助力发展。新宿有着非常全面的统计调查数据，例如，各单元的人口、居住、就业、交通、教育、产业等数据，并基于这些数据相关部门，开展许多副中心建设发展方面的相关研究，通过这些统计数据与研究便于及时发现新宿

副中心发展建设过程中存在的问题，相应提出改进方案或解决对策。此外，新宿的高等教育资源丰富，工学院大学、东京医科大学、东京女子医科大学、东京理科大学、早稻田大学、法政大学等多所高等院校，为当地产业发展提供人才与技术支撑。

第四，行政管理职能方面实行大部制整合，自治性较强。新宿作为城市的商业中心，行政管理方面实行权利较为集中的大部制管理。此外，新宿与东京的其余都道府县和特别区、市町村，在法律地位上均是地位平等的地方自治体，没有严格的行政等级之分，因此，相对来说，区级政府行使相关职能的独立性较强，较少受到市级政府的干预。

从新宿副中心产业发展经验来看，较为突出的有：服务业是副中心发展与保持活力的重要产业；交通规划先行与良好的通达性是产业空间布局与发展的重要保障；充足的智力支持与人才供给为产业发展、副中心发展提供活力。由此得到以下启示：要逐步消退、限制落后产业，发展高精尖、绿色、新型产业，重点发展服务业，生产性服务业与生活性服务业多类型、协调发展；交通规划先行，引导产业空间布局，打通重要节点的联通通道，发挥基于交通枢纽区位优势的经济集聚效应；合理规划与推进公共基础设施建设，大力发展配套公共服务，为副中心人口集聚、产业集聚做好保障。

（3）新加坡的大数据建设经验

新加坡不仅是亚洲主要的商业和金融中心之一，也是国际网络连接中心之一，其海底电缆登陆站连接到印度、中国、日本和澳大利亚的主要亚太市场，以及众多该地区的新兴市场，如泰国、越南、印度尼西亚和新加坡的邻国马来西亚。新加坡强大的基础设施、政治稳定和商业发达都对此有所帮助。根据 Structure Research 公司提供的数据，2016 年新加坡有 45 个数据中心提供商，有 53 个独立运营的数据中心。数据中心电力总容量为 240MW。新加坡市场上的两个顶级供应商是本地电信 Singtel 公司和总部位于美国加利福尼亚州红木城的托管巨头 Equinix 公司。这两家公司占据新加坡数据中心市场总份额的 55%。其他顶级供应商还有数字地产信托公司（Digital Realty Trust）、吉宝数据中心、Switch 公司，以及 NTT 通信公司。新加坡的互联网接入率和智能手机普及率都处于全球领先位置，尤其是互联网的广泛应用与深度渗透为新加坡大数据应用奠定良好基础。2006 年，新加坡资讯通信发展管理局（IDA）宣布启动为期 10 年的“智能国 2015”发展蓝图；2010 年，新加坡正式启动新一代全国宽带网络，提供覆盖面广、价格适中的超高速宽带；2014 年，提出“智慧国计划”，并成为全球首个提出智慧国计划的国家。

新加坡电信公司（Sing Tel）发布计划称，将出资 2.85 亿美元打造该国最大的数据中心。该计划将把新加坡裕廊港建成 3+ 等级的数据中心，旨在满足该国日益增长的主机托管和云服务的需求。数据中心的建立旨在满足金融服务业、政府机构以及云服务与网络服务供应商对托管的关键性需求。该中心将帮助新加坡电信吸引国际一流的云供应商，进一步巩固新加坡在云计算和云创新方面的中心地位。该数据中心占地面积约 57 万平方英尺，具有安全性好、私密性高、可实现主机托管等优势，可提供各种高科技服务，如云解决方案、智能应用程序以及数据分析平台。该数据中心将配有 3600 万瓦特的电力，以便于用户更有效地规模部署虚拟化技术和刀片服务器。随着网络威胁与日俱增，用户可充分利用新加坡电信的网络安全能力维系其云基础设施、数据和网络的安全。此外，用户可享受到新加坡电信的互联网协议虚拟专用网络和公共网络连接服务，还可以使用新加坡电信的快速开启和按需付费使用软件定义网络解决方案。该数据中心竣工后，新加坡电信公司在亚太地区的数据中心将达到 13 个，其中 9 个位于新加坡，中国香港与澳大利亚各 2 个。

新加坡信息化建设的两个阶段。第一是“智能国 2015” 10 年计划阶段。2006 年，新加坡宣布启动为期 10 年的“智能国 2015”（Intelligent Nation 2015）发展蓝图。政府投资了大约 40 亿新元，打造智能化的国家和全球化的城市。第二是“智慧国家 2025”新十年计划阶段。2014 年，新加坡政府公布了“智慧国家 2025”（Smart Nation 2025）的新 10 年计划，与“智能国 2015”相比，更侧重于在收集数据基础上，预测民众需求、提供更好的公共服务，以实现更为科学的决策。智慧国理念的核心在于三个 C：一是连接（Connect），目标是提供一个安全、高速、经济且具有扩展性的全国通讯基础设施；二是收集（Collect），指通过遍布全国的传感器网络获取更理想的实时数据，并对重要的传感器数据进行匿名化保护、管理以及适当进行分享；三是理解（Comprehend），通过收集的数据（尤其是实时数据）和对数据进行分析，更好地预测民众的需求以及提供更好的服务。

大数据正成为推动管理效率提升和变革的强大力量，一些企业正利用互联网与物联网等带来的海量数据，通过挖掘、分析与业务应用，赢得优势。它正成为经济繁荣的催化剂，在美国，大数据已经被提到了国家战略的高度。但如何发展大数据呢？从新加坡的经验来看，政府在其中起到关键性的作用。新加坡政府抓住了大数据发展的五大关键要素：基础设施、产业链、人才、技术和立法。它在其中发挥了关键角色，尤为值得一提的是，这五个要素是普通企业所做不到的，而新加坡政府正好填补了企业的短板。

在大数据基础设施方面，一个国家在信息和存储等方面的基础设施，决定了大数据时代的海量数据能否汇集、传达、存储和应用。为了为大数据的发展提供良好的基础，新加坡在基础建设投资方面毫不吝啬。新加坡是世界十大高速网络架构之一，并承载了东南亚地区半数以上的第三方数据中心储存量。新加坡已确立其作为全球数据管理枢纽的地位，汇集了东南亚超过 50% 的商业数据托管及中立运营商数据中心。

在大数据产业链方面，横跨了包括数据提供者、存储商、分析和挖掘商，以及应用企业等。对于企业，往往只有应用能力，却缺乏获得、存储和分析与挖掘大数据的能力。而在这方面，当然要依靠产业链中相应的服务商，但政府在产业链建设中发挥了关键性的作用。

在数据挖掘方面，鼓励大学设立数据挖掘和分析平台，2012 年，新加坡管理大学（SMU）推出的“Livelabs”创新平台，旨在增强新加坡在消费者和社会行为领域的数据分析能力；鼓励企业设立数据分析中心，一些企业通过在新加坡设立数据分析中心，洞察亚洲市场需求，已成功地实现了区域市场业务的拓展。2011 年，劳斯莱斯（Rolls-Royce）与新加坡科技研究局（A*STAR）下设的高性能计算研究院合作成立了计算工程实验室，在智能数据分析领域进行合作研究。新加坡信息通信研究院（I2R）拥有全亚洲最大的数据挖掘团队之一，承担数据提供者角色，主动披露政府掌握的数据，在大数据建设中，这一点至关重要，因为毕竟政府是最大的数据拥有者。但是让政府能够主动开放自己的数据，并不是一件容易的事，而新加坡政府却做到了这一点。新加坡土地管理局（Singapore Land Authority）研发的电子地图（OneMap），就为基于位置的服务（LBS）的企业提供了开放数据平台。

新加坡陆路交通管理局则通过公共数据开放计划开放新加坡交通数据，鼓励企业甚至是个人开发提升公共交通效率的应用软件。新加坡环境局（NEA, National Environment Agency）与多家企业合作，研究如何收取降雨量，并通过掌握不同地区环境的数据，来预测哪个地区接下来会爆发热带地区可能产生的疾病。

在大数据人才方面，企业应用大数据过程中往往最缺少数据人才，培养数据人才要充分发挥政府的作用。为了成为全球领先的数据分析中心，新加坡政府在这方面的努力可谓不遗其力。它与企业以及本地高等院校开展合作，确保毕业生获得必备的专业知识和技能。目前，新加坡在数据分析领域开设了4个硕士课程以及5个本科课程，提供侧重于具体行业应用的多学科研究方法。

在大数据技术方面，大数据存储、分析和挖掘技术与产品往往需要巨大投资，但是一般的企业无法承受这样的投资，此时政府的作用就尤为重要。而新加坡在其中，从来就没有缺位。

在立法方面，大数据的发展总是伴随着与个人隐私权的冲突，而能否通过立法明确保护个人隐私权是大数据能否良性发展的关键，而新加坡在这方面做得很充分。新加坡于2012年公布了《个人资料保护法》（PDPA）。《个人资料保护法》作为一项较为宽松的立法，旨在防范对国内数据以及源于境外的个人资料的滥用行为。该法案的出台使公民得以进一步了解个人资料的使用途径；同时，在进行个人信息处理的过程中，也加强了企业与客户之间的信任程度。新加坡在收集、存储大量数据的基础上，对数据进行有效的分析与应用，从中获得经济价值。到2017年底，预计数据行业将为新加坡经济贡献10亿新元的增值，并培养2500名跨领域数据分析专业人才。而所有这一切在于新加坡对于大数据的战略定位。对自然资源稀缺的新加坡而言，利用数据作为资源是非常好的选择，数据就是未来流通的货币，而将新加坡打造成全球数据管理中心，有能力与企业合作，将数据的潜在价值转化为可见的商业利润。

目前，新加坡的大数据主要应用于以下领域：

第一，大数据在公共交通领域中的应用经验。在电子道路收费系统、易捷通卡、早鸟免费乘车计划、巴士等候服务标准、的士预召系统、体温红外线监测与的士排队等候、道路步行适宜度等方面，都涉及到大数据应用。例如，路交局推出巴士等候服务标准，利用基准数据设定巴士等候时间；推出 My Transport 手机应用程序，为乘客和驾车者提供实时路线规划服务；政府在出租车站试验站点热感应技术，估计排队等候的乘客拥挤状况，为出租车调度提供依据。

第二，大数据在医疗领域中的应用经验。新加坡基本实现了医疗病例的数字化和共享平台的建立，医生通过身份证号码可以跨部门获得医疗记录和最近的体检结果；政府和企业试点居家保健服务或远程护理服务，特别是针对行动不便和老龄人士实行远程诊疗和给药，减少通勤和医疗成本。

第三，大数据在社区服务中的应用经验。为了加强社区服务整合，2014 年成立了由多个机构组成的社区事务署，下设国家发展部，由总理公署部长与国家发展部长共同监管。社区事务署协调包括陆交管局、公用事业局、国家环境局、国家公园局、建屋发展局、农粮兽医局和警方在内的多个机构，通过加强跨机构合作，简化公众求助程序，使公众反馈的问题得到更快捷和更有效的解决。同时，社区事务署开发了 One Service 的一站式求助平台，为公众提供实时和全面的求助服务。

（4）伦敦的“市—自治市”行政体制模式经验

作为英国第一大城市和港口及欧洲最大都市区之一的伦敦，大都市区面积 1577.3 平方公里，包括外围郊区市镇在内的一体化大都市区人口达 827 万。2010 年人口达到 863 万人。二战以来，伦敦大都市区的行政管理体制改革比较频繁，经历“统一、分散、再统一”的演变过程。从1986年到1997年，大伦敦议会被英国中央政府解散，导致中央和地方政府之间的职责分工存在无序状态，导致伦敦城市行政管理体制改革滞后。1997年，工党政府对伦敦大都市区启动新一轮体制改革，伦敦大都市区建立了“大伦敦—自治市”两级政府和“大伦敦管理局—自治市政府—选区”三级管理体制模式，如图2.1所示。1998年伦敦建立大伦敦管理局，由市长和议会组成，市长行使行政权力，议会则掌握审查权。伦敦大都市区行政管理体制改革特征主要表现在以下几个方面：一是实行两级架构，减少行政层级，明确政府职能权责。二是实行议行合一，横向权力不变，强化地方自治。三是实行监督分立，扩大公众参与，维护选民利益。监督机构的分立和公众参与的真正推进，确保对地方政府监督的有效实施和参与，有效维护选民利益。

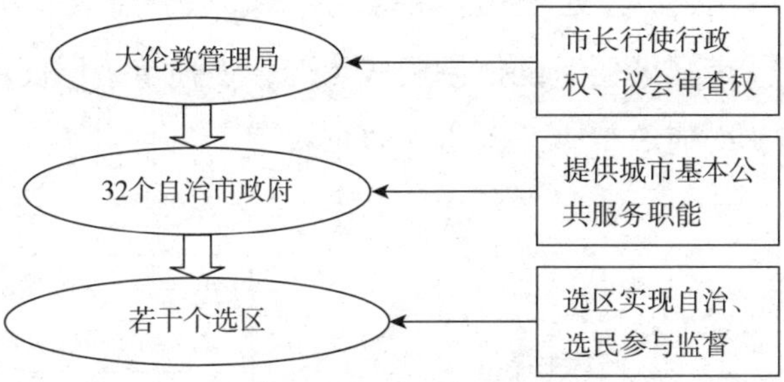


**图2.1　伦敦城市行政管理体制模式**

（5）纽约的“市—行政区—基层社区”行政体制模式经验

在行政区划与体制设置上，纽约市被划分为5个区级政区和59个社区单元，另外还有339个街道，如图2.2所示。纽约是美国第一大都市和第一大商港，面积1214平方公里。据美国《世界日报》报道，2013年3月，纽约市人口已经达到8336697人，成为历史最高纪录。市级政府总体上遵循“三权分立”原则，设立市长、议会和地方司法机构；区级政府设有议会、区长和其他行政部门；社区采用理事会负责制，理事都由社区居民义务兼职。基层社区单元之下的街道属于市民自我管理、自我服务的群众性组织。纽约市还有许多超越行政区的公共服务功能区，如33个学校区、6082个选举区、352个消防区、354个保健区等。在行政管理体制运行模式上，纽约实行的是“强市长制”“强市弱区制”。强市长制突出选民直选，能对选民直接负责，承担城市发展和公共服务供给、任免政府职能部门负责人、提出预算草案否决市议会议案等重要行政权力。纽约在市级层面的体制设置中，增强了对政府的监督功能，专门设立审计长、公共利益监督官（Public Advocate），并通过直接民选获得社会认可的人士担任，保持人事安排的独立性，为其能真正发挥财务审计和监督功能建立制度保障，避免因人身任免依附政府而受到牵制。审计长的职责是审计监督全市财政开支，公共利益监督官负责处理市民的投诉、抱怨、建议、批评等。纽约通过“市强区弱”的体制模式改变，加强市级层面的土地、城市规划、交通等重大公共事务管理权限。

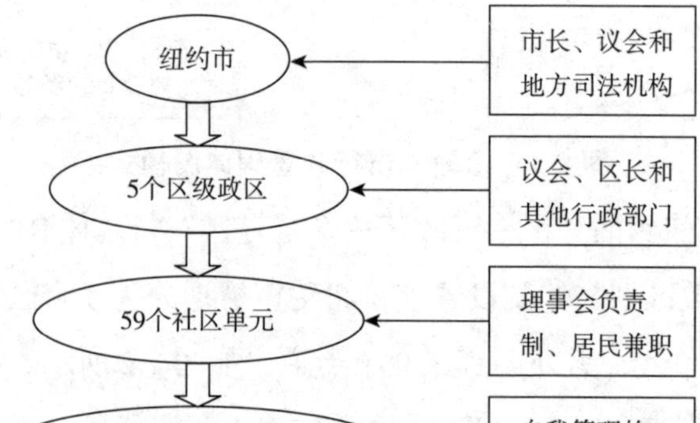


**图 2.2　纽约城市行政管理体制模式**

（6）巴黎的“大区—市镇”行政管理体制模式经验

作为国际城市的巴黎建立了“大区（或省）—市镇”的体制模式。如表 2.3 所示[①]，法国的行政建制分为国家、大区、省和市镇，后三者统称为地方领土单位，各地方有明确的职权划分，市镇作为法国最基本层在社会、经济、城市建设等领域拥有很大的自主权。省和大区两级领土单位的主要职能是在市镇或各省之间发挥协调作用，维护省或大区的整体利益。

巴黎有巴黎地区、巴黎大区、法兰西岛、巴黎郊区、小巴黎、大巴黎、巴黎大都市、巴黎都市区、巴黎省、巴黎市、巴黎市镇等多个概念。每个概念涵盖不同的区域范围。

巴黎市。巴黎市是最狭义意义上的巴黎，行政辖区面积为 105 平方公里，包括大环城公路以内的 20 个区（面积约 87 平方公里）、布洛涅（Bois de Boulogne）和班森诺（Bois de Vincennes）2 个森林。

巴黎省。在 1964 年以前，塞纳省要大于巴黎市，当时包含了巴黎市以及毗邻的 81 个独立市镇。1964 年 7 月 10 日法律取消塞纳省和塞纳瓦希省并对其所涉及到的地理区域做了重新划分，从而重新建立了七个省，巴黎地区包括这七个省。而原来的塞纳省的国家法定省编号 75 则给了巴黎。现在巴黎省的地理区域与巴黎市一致。

巴黎郊区或巴黎小环城地带指的是与巴黎市直接接壤的那些市镇，比如圣德尼，甚至指与巴黎毗邻的三个省：埃松上塞纳、塞纳—圣德尼、瓦尔德马恩在内区域，但不包括巴黎市。

巴黎大区，又称法兰西岛。位于法国北部，由巴黎市和埃松上塞纳、塞纳．圣德尼、瓦尔德马恩、塞纳—马恩、埃松、瓦尔

① 赵信敏．巴黎现行政治 — 行政体制特征及其成因探析 [D]. 复旦大学硕士学位论文，2007:9-10.

德瓦兹和伊夫林等 7 省组成。

巴黎都市区或巴黎城区，完全是一个人口学与城市规划概念，因而和经济学与地理学上的概念不同，并不能将其简单地等同于巴黎及其郊区。

巴黎在职权上有明确的在行政区意义上，有“省”“市”和“大区”三个层面。巴黎大都市区主要是指巴黎大区。巴黎大区管辖巴黎市（省）和另外 7 个省，这一个城市和 7 个省之下，又总共设有 1300 个市镇，而巴黎市下属的 20 个市镇一般又被称作 20 个区。巴黎大区面积 12 万平方公里，2008 年人口规模为 1184 万（其中巴黎市人口 217 万）人，占法国人口的 18.7%。

**表 2.3　法国行政管理分割表**

| 行政建制类别 | 详细说明 | 职权 |
| --- | --- | --- |
| 大区 | 设有大区议会，选举产生的大区议长是大区最高行政首脑，大区长是国家在大区的代表，由内政部长和总理提名，经部长会议讨论通过，由总统颁布法令任命，大区长由大区首府所在地省长担任 | 国土整治，经济发展、职业培训以及中学的建设和办学开支等 |
| 省 | 设有省议会，选举产生的省长是省的最高行政首脑，是国家在省内的代表，由内政部长和总理提名，经部长会议讨论通过，总统颁布法令任命 | 卫生和社会行动，农村公共服务设施、省内公路和投资等 |
| 市镇 | 市镇是法国最小单位的地方领土，设有市镇议会，间接选举产生的市镇长是国家在市镇的公务人员，又是市镇的最高地方行政长官 | 领导城市规划、乡村治理、制订跨市镇整治宪章，管理公产、公共工程，建立公共公益设施等 |

自从 1975 年法国中央政府对巴黎的行政体制进行改革后，确立了巴黎的自治地位。巴黎市和巴黎省，除法律另有规定外，分别适用一般市镇和省的共同法。虽然是两个不同的地方领土地位，但它们的权力机关却是共同的：巴黎议会既是巴黎市议会，又是巴黎省议会，同时行使两个议会的权力。

现有的巴黎行政体制遵从地方集体法典（CGCT）的调节，但是它与其他市镇相比，有许多特殊规定。在巴黎，至少涉及到这样几个主体的权限及其体制：巴黎市（巴黎市长及其助理、巴黎市议会）；巴黎省（省长与省议会）、巴黎大区（大区长及大区议会）、巴黎警察局（警察总长）；巴黎下划的区（区长与区议会）[①]。

巴黎市市长及其助理。巴黎市长是巴黎市的最高行政长官，由议会选举产生，选举的条件与其他市镇长相同。与其他市镇的市镇长一样，巴黎市市长是巴黎市政府的行政首脑，也是巴黎议会的法定议长，并可向市长助理委托授权。巴黎市的市长助理也与市长一样，由巴黎市议会任命。市长助理协助巴黎市长工作，受市长委托，分别掌管某一特别事务，执行巴黎市议会的决议，负责巴黎市财政预算以及任免市政官员等。巴黎市市长不具有治安权，这是市镇巴黎在权限上区别于其他市镇的最显著的地方之一。

巴黎市 / 省议会。每六年巴黎市议会和区议会都会在同一天进行选举，由巴黎市市民从同样的候选人名单中选举出市议员与区议员。市议员的层次高于区议员，他们是各自区议会的当然议员。因此每个区议会的议员由两部分构成，区议员以及在区议员中选举产生市议员。市议员与区议员的总人数为 517 人。由于巴黎既是省也是市镇，巴黎议会是巴黎市镇和省的决议机关。巴黎议会会议在巴黎市长的主持下开展，议会下设若干委员会。巴黎的市议会在协商应该归属于省级的职能的时候,又成为了省议会，而无论是省议会还是市议会都由巴黎市长来主持。凡涉及巴黎市或省的一切重大决定以及与市政府管理相关的所有重要文件均须

① 赵信敏 . 巴黎现行政治 — 行政体制特征及其成因探析 [D] 复旦大学硕士学位论文，2007:13-15.

提交巴黎市议会；巴黎市议会每年表决通过省、市两级地方政府以及巴黎警察局的预算，并确定地方税收的税率。

巴黎市议会每年举行会议 11 次，也即通常情况下，每个月举行一次会议。市议会会议为公开会议。每次会议从星期一开始，会期视议程情况一天半至两天。市议会会议中最重要的一次是于每年 12 月份举行的关于预算的会议。依照《地方集体法典》（CGCT）第 L2121-10 条的规定，市议会会议的议事日程由巴黎市长确定。议程包括所有需呈交巴黎市议会全体议员审议批准的决议案。巴黎市议会作为市议会和省议会所展开的各种讨论、质询答辩以及决议纪要均须公布在《市政府公报》上。

区议会。1982 年的巴黎—马赛—里尔法规定，巴黎的每个区都设立区议会，由各区的民选区长主持工作。区议员由各区直接选举产生。他们每个月都以公开的方式召开会议，会议的时间在巴黎市议会之前，这样他们就可以对市议会中涉及到的区事项先进行讨论，但区议会的职权非常有限。

巴黎区长及其副手每六年在区议会的市议员中选举产生。区长的选举在巴黎市长选举的 8 天后举行。区长及其助理拥有咨询权来补充区议会的职能。作为国家公务人员，受市镇长的授权，负责户籍管理及与之相关的事宜、监督义务教育以及国家服务法规在该区的执行，并负责选举登记。作为大区议会议长，主持区议会会议，执行去议会决议，但该方面的权力非常有限，只能对涉及该区范围内的事项发表意见，而决定权都在巴黎市长与省长那里[①]。在行政体制管理模式上，巴黎实行的是“强市长制”。巴黎市长负责规划和交通,巴黎市政厅还管理社会住宅和小学等。在行政层级和府际关系上，巴黎呈现出“强市弱区”特征，市镇

① 赵信敏．巴黎现行政治 — 行政体制特征及其成因探析 [D]. 复旦大学硕士学位论文，2007:13-15.

级政府拥有经济社会发展及公共服务等方面较为广泛的权力，区级政府权力则极其有限，区长在行政上受到市长和省长的指导和监督。

2. 国际城市行政管理体制改革的特点

通过对伦敦、纽约、东京、巴黎等著名国际城市行政管理体制模式及其改革的分析，可以发现每个城市政府均根据自身的实际情况设立不同的体制架构，没有统一的模式，每一种体制模式均展示不同的政治制度、区域特色、历史传统、文化习俗等差异性，同时也展现出许多共同的特点和改革经验。

第一，行政层级少，机构精简，区划设置均衡，公共服务重心下移。

伦敦、东京等国际城市均强调依法规定政府职能，根据职能要求设置政府机构，职能稳定也确保机构基本稳定，如表 2.4 所示。同时，行政层级实现精简化，强调管理扁平化，减少行政管理程序的繁杂和官僚主义，提高运行效率。区划设置趋向更加均衡，市级权力集中但不滥用，强调公共服务职能下移，以便满足多样化、及时性、个性化、均衡化的社会群众需求。公共服务重心下移将各种公共服务供给的权能下放到基层政府，甚至下放给社区、非政府组织和企业等，有效促进政府管理部门与市民的直接沟通，能有效、快捷、及时满足市民提出的各种公共服务需求，解决群众问题，提高群众满意度。特别是教育、住房、垃圾处理、公园建设、医疗健身、文化娱乐等基本公共服务方面，下放到区级政府和社区基层管理部门。部分公共服务通过权力下放、财权与事权对等、政府采购等方式和渠道委托给非营利机构、企业及其他社会组织，坚持均等化供给、就近原则保障，确保面向群众的基本公共服务供给到位，满足群众需求，维护公共利益。

表 2.4　国际城市行政体制分级职能设置

| 城市 | 市级职能 | 区级职能 | 基层自治单位职能 |
|---|---|---|---|
| 纽约 | 拥有土地利用、规划等最终决定权，对城市公共事务进行统一控制与管理权 | 拥有区级财政预算管理权、建设审批权、社区规划审批权等 | 社区委员会拥有社区福利、社区财政预算、社区工作计划、选举主席等职能 |
| 伦敦 | 负责大伦敦地区的空气质量、文化和旅游、经济发展、交通、土地规划、警察、消防等公共服务 | 提供教育、住房、社会服务、街道清扫、废物处置、道路等服务 | 实行社区自治，负责社区日常事务管理与社区公共服务的提供 |
| 东京 | 跨越地区的区域性事务；与区市町村联系协调相关事务 | 地方自治体，管理户籍、地址标识、街区建设、设施管理等 | 地域中心部负责社区公共信息服务、公开办事项目，集中提供服务；为特殊群众提供服务等 |
| 巴黎 | 召集和主持巴黎议会会议，领导巴黎的行政工作，负责巴黎的经济、教育、文化、城市规划等 | 审议公共设施的设立、负责户籍管理、选举事务、主持区议会等 | 社区自治组织，负责社区内各类面向居民的基层公共服务 |

第二，强调市级政府的统一规划和地方自治，规范职责，分工合作。

伦敦、纽约、东京等国际城市在行政层级精简的基础上，强调市级政府的统一城市规划，又尊重地方特色实现地方自治，各自依法明确职能、规范职责、分工合作，避免打架和上级对下级的过多干预，体现法制精神和自治理念。欧美和日本等国家城市规划的主要任务在于如何使城市健康发展，又保持良好的生活和工作环境，在城市管理中善于把城市规划和建设有机结合起来，使理想的规划能逐步得到实施。重视促进大都市的统一规划和协调发展，在城市拓展、土地利用规划、公共交通等领域，市级政府处于主导地位，建立比较完善的、统一协调的大城市管理机构。上下两级政府之间并非上下隶属关系，依据法律规定明确各自职权范围，独立行使管辖权，向选民负责。依据法律规定上级政府对下级政府具有指导、协助、监督等职责，但不存在财政、人事等方面的干预权，确保地方自治。各级政府职能分工由法律加以界定，责任清晰、权能规范、制度稳定，不会因为领导更换带来政策多变。如纽约的“城市宪章”对政府职能进行明确界定，东京和伦敦分别有“地方自治法”和“伦敦市自治法”等法律确保各个政府的依法行政、制度稳定和管理有序。

第三，立法与行政分立，强化机构整合，避免管理碎片化，提高和改善行政绩效。

根据西方政治制度架构，立法权、行政权分立，市长有较强的行政权，但对议员和选民负责，接受监督，议员受市长的行政干预较少，能独立发挥议员的监督制衡作用。回应城市化、后工业化发展要求，满足21世纪知识经济背景下的高知识市民对城市公共治理和公共服务不断提升的要求，加强政府职能转变、机构优化整合，避免管理碎片化和职责交叉等问题，提高行政管理绩效。一方面，通过精简的行政层级和机构设置，减少官僚主义，决策权集中到市级政府，加强政策制定和统筹规划，基层政府更好执行政策，畅通市民监督机制，提高行政绩效。另一方面加强职能整合，有效治理管理的碎片化和职责交叉问题，提高运行效率，充分体现了大部制改革特点。

### 3. 国际城市行政体制改革的政策启示

国际城市在行政管理体制设置和改革方面的许多成功经验，值得中国学习与借鉴。但西方国家所打造的国际城市是符合其国家利益和政体特征的，中国不能盲目照搬，更不能简单复制，中国模式选择与发展道路需要结合中国国情、体现中国特色、打造中国模式。结合北京作为国家首都的实际情况，在不断学习和借鉴伦敦、纽约、东京、巴黎等国际城市所积累的宝贵经验的基础上，应建立党委领导下的市区两级政府、三级管理的中国模式。主要启示包括以下几个方面：

第一，建立“党委领导、两级政府、三级管理”的中国特色国际城市行政体制模式，完善分层调控机制，推进城市政府治理体系和治理能力现代化。

伦敦等国际城市建立“两级政府、三级管理”模式是行政管理体制改革的重要成功经验，北京借鉴国际城市经验，行政体制改革伴随由“单位制”向“街居制”再到“社区制”的转变和演化趋势，要进一步创新首都政府分级管理体制模式，完善分层调控机制。建议在未来5—10年强化市级政府规划决策职能，完善区级政府行政执行职能，进一步简化层级，提高服务效率和治理能力，建立党委领导下的“市—区”两级政府，实行“市—区—社区”三级管理体系，打造具有中国特色国际城市的北京模式，如图2.3所示。

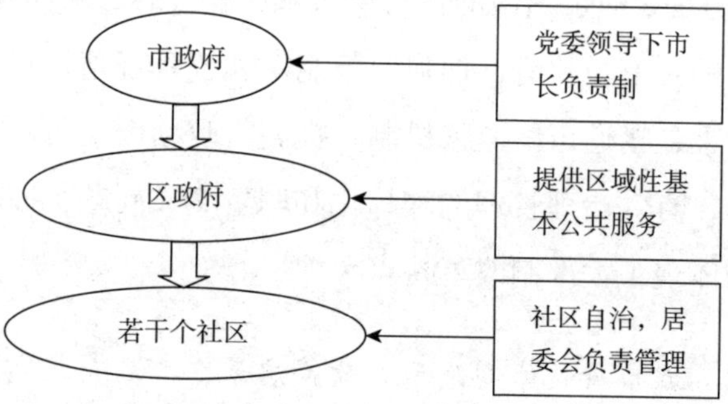


**图2.3　建设中国特色国际城市行政体制模式**

根据我国政治体制特点，实行党委领导下的市长负责制，突出战略性、全局性的决策制定和规划，提供首都战略性公共服务。区政府负责直接提供区级层面的日常性公共服务，执行市政府各项决议和规划实施，依据权责和分层管理制度派驻街道办事处等下派机构，加强对社区的监管与政策服务。社区则属于群众自治性组织，由社区居民选举产生居委会协调社区层面的各项公共事务管理，区政府可以通过政府采购、外包等形式将日常性公共服务委托给各类社区自治组织或社会组织，区政府加强监督、协调和管理，社区居民有监督、评价、选择社会组织的权利，从而进一步提高公共服务供给质量，提高政府运行效率。以小政府、大社会为导向，社区体制强调透明、回应与参与，要求社区事务的处理、各项措施的制定、实施必须体现社区居民的广泛参与，与居民的要求相适应，拓宽政府与居民之间的对话渠道，从根本上改变了城市基层管理的方式①。坚持“党委领导、两级政府、三级管理”的城市治理模式既能适应国际城市行政体制发展潮流与趋势，也能充分体现中国特色和城市实际情况，强调逐渐将街道权限下放到社区，规范分级管理各层级的权限边界，提高行政体制运行效率，打造高效、群众满意的服务型国际城市政府，推进城市政府治理体系和治理能力现代化。

第二，加强政府职能整合与分工合作，避免管理碎片化，促进公共服务重心下移，加快智慧型、服务型现代政府建设。

党的十八届五中全会提出深化行政管理体制改革，进一步转变政府职能，持续推进简政放权、放管结合、优化服务，提高政府效能。当前，我国许多城市政府职能分散交叉，导致管理碎片化，责任不清，追责难以到位。对一个问题但涉及多个部门的事项，各部门间的职责界定不清晰，如处理食品安全、违章建筑、环境治理等问题涉及多个部门，但没有明确谁来牵头，导致“谁都有责任”变成“谁都没有责任”，管理职能碎片化的结果是产

① 杨荣 . 论我国城市基层管理体制的转型 [J]. 国家行政学院学报，2002(4):15-18.

生了严重的权责不对称现象①。加强政府管理职能整合就是要面向社会需求及时进行职能转变与创新，满足群众多方面需求的公共服务，提高群众满意度，建立服务型、一体化的行政管理体制架构。只有根据职能要求进行体制设置与改革，才能真正确保政府运行的高效和服务职能履行，否则就会走向“机构改革—机构膨胀—机构再改革”的体制运行循环怪圈。

借鉴国际城市体制改革与运行的基本经验，面向社会需求加强职能设置，市级政府重抓战略、规划、政治性职能，区级政府具有一定的自治性，主要服务基层社会需求的具体性公共服务职能，不强调上下对口，避免过多的繁文缛节和文山会海，提高体制运行效率，真正构建服务性政府。如大伦敦政府、东京都市区政府均强调宏观层面的职能整合，而将具体的、一般性公共服务职能转变给下级政府，发挥国际城市在全球经济中宏观规划、资源整合、战略制定等功能，提高国际城市政府运行效率和国际影响力。打造中国特色国际城市，需要面对经济全球化的国际背景，加强政府职能转变和整合，加强市级政府的宏观管理职能，统一政策标准，统一职责要求，避免管理碎片化，就应将具体执行性、一般性的公共服务权限下放到基层政府，并将公共服务中心进行下移，充分利用大数据、互联网和现代信息技术手段，建立统一的集中办公的现代公共服务中心或平台，加快建设智慧型、智能型国际城市，提高城市基层行政管理体制运行的高效、快捷、扁平和服务性，避免政府职能“越位”“缺位”和“不到位”的现象，实现政府治理能力现代化，打造服务型、扁平化、一体化、高效化的现代政府。

第三，强化宏观层面的政府决策，规范下级政府执行职能，

① 张忠林，李绥州．整合碎片，走向一体化的城市行政管理体制—以江门市一区间政府关系为例 [J]. 岭南学刊 ,2010(4):52-56.

增强社会群众的公共监督，形成制度化互动的运行架构。

伦敦、纽约、巴黎、东京等国际城市政府体制运行强调立法、行政、司法三权分立，但中国具有自己的国情和政治体制特色，不能盲目照搬和实施西方的三权分立制度，其中有效的制度安排可以学习和借鉴。在决策层和执行层之间建立委托授权、责任契约等关系模式，加强决策层对执行层的监督考核，规划执行层的服务职能。北京市作为国家首都，建设国际城市既要保证政治体制的稳定性，同时也要回应经济全球化、知识化、后工业化等发展要求，进一步强化宏观层面的政府决策，加强中长期战略规划制定，加强区域之间的政府协调，为建设国际城市和美丽北京的宏伟蓝图进行谋划。北京市级政府要注重宏观层面的规划决策，发挥市人大在立法决策等方面的作用，吸收城市管理、社会建设、经济发展、城市规划等领域的专家咨询作用，进行科学的城市规划决策，抓好城市规划立法，并保证规划的法律权威和有效实施。进一步减少行政审批，下放权力，释放体制活力，规范好下级政府特别是基层政府和社会组织的执行职能，减少行政层级和行政机构，提高行政绩效。要改革和创新传统的行政监督机制，增强社会群众、社会组织对政府体制运行的监督权、知情权和参与权，避免传统的监督机构依附政府和自己监督自己的弊端，提高监督的时效性和透明度，确保阳光运行，进而提高下级政府特别是基层政府提供公共服务的积极性和主动性，提高体制运行效率。

第四，重视基层自治，增强社会群众的制度化参与和自我管理。

基于国际城市行政管理体制设置及其模式改革的基本经验，重视地方自治和加强社会群众的公共参与，是促进城市行政体制改革、提高政府绩效的重要突破口和内在活力。一方面，地方自治是尊重基层群众首创精神和人民当家作主的民本思想的重要体现，是减少政府干预，减少行政层级，减少行政管理成本的重要举措，也是充分发挥地方特色，结合地方实际情况，进行差异化、地方化管理的基本要求。我国在行政体制改革历程中，不断重视地方自治，特别是增强城市社区和农村居委会自我管理能力方面进行了大胆改革与创新。部分地方通过扩权强县，减少行政层级，提高了行政绩效。北京应进一步重视和加强地方自治，赋予地方和基层更多的自治权和自我管理权。另一方面，要重视社会群众的公共参与，加快推进街道管理体制变革，畅通群众参与渠道和体制机制，理顺街道与群众参与的关系，不断压缩和消减街道办事处的管理体制，将权力下放到社区，并通过群众参与，使居民有更多的资源分配权和监督权，使社区真正为群众服务。

第五，通过政府采购与外包形式，加强社会组织培育，促进公共服务社会化、多元化、均等化供给。

国际城市的行政管理体制改革应重视社会组织的积极作用，承接政府职能，促进公共服务供给社会化建设，为行政体制运行减负、提质、增效。面向多元化、个性化、复杂化的社会发展，传统的大一统和高度集中的行政体制架构难以适应变化的市场需求。伦敦、巴黎、纽约、东京等国际城市积极回应这些需求，重视更具有灵活性、社会性、服务性、多元性的社会组织培育和建设，依托发达的社会组织体系实现部分公共服务职能的有效运行，确保社会健康发展。首都北京相对其他国内城市，还承担服务中央的首都政府职能，任务更多，压力更大，要求更高。市民对北京行政管理质量和效率的期待不断提高，如在交通拥堵治理、城市雾霾治理、人口疏解等方面，而仅仅依靠北京各级政府的力量是远远不够的。不仅要努力提高自身的服务水平和治理能力，更重要的是发挥好各级各类社会组织的参与作用。借鉴国际城市行政体制改革经验和全球经济社会发展潮流，加强社会组织培育与建设，转变职能、下放权力，创新机制，将更多的一般性、公共性、不涉及政治性问题的公共服务，以外包和委托等形式交给社会组织和基层群众。政府要着眼于转变职能，从实际出发，做到简政放权，善于从大量社会事务中解脱处理，将一些服务性职能交给或归还社会，由社会服务组织去承担[①]。将更多的公共服务通过采购和外包方式转给社会组织和中介机构，依托社会组织构建更加灵活、多元、丰富、公平、均等的公共服务体制，不断提高公共服务覆盖面、质量和效益，建立群众满意的公共服务型政府，既有利于社会稳定和政治稳定，也促进社会和谐，满足社会需求，促进首都经济社会协调发展。

第六，充分利用现代信息技术、大数据改进行政管理体制，挖掘大数据应用价值，提升公共治理能力。

大数据科技的兴起，是当今信息技术与经济社会的交融发展，引发文字、数字、图像、视频等数据迅猛增长的产物。世界上很多国家已把数据作为基础性战略资源加以发展。在政府行政体制改革、日常管理和公共服务领域中应用大数据，是落实创新发展理念的必然要求，对于加快转变政府职能，提升政府现代治理能力，特别是深化简政放权、放管结合、优化服务具有重要意义[②]。要充分利用信息化技术，挖掘大数据应用价值，使管理更为精准、高效、便民，用数据规范管理、约束行为，并建立责任机制，接受各方面监督与问责。从新加坡的大数据应用经验来看，较为突出的是：政府在发展大数据的过程中起到了关键性作用；新加坡虽为小国、岛国，但敢于创新、领跑信息技术发展。

大数据推动简政放权。行政管理要实现科学化、现代化，离

① 王维国．城市基层管理体制改革的路径与模式选择：以北京为例 [J]．新视野，2009(5)：159—163.

② 高小平．大数据与政府改革创新 [N]．光明日报，2016-12-21.

不开智能化。推进行政体制改革、深化简政放权，要充分发挥现代信息技术的推动作用，打通“信息孤岛”，推行“互联网+政务”服务，实现部门间数据共享。为打通行政部门信息壁垒提供新动力。党的十八大以来，我国政府以行政审批制度改革为突破口，大力推进简政放权，取得了显著成效。但是，长期以来形成的权力集中、职责分割、效能不高等问题还没有完全解决。简政放权之所以艰难，一个重要原因是在科层制行政管理架构中，政府部门之间专业分工过细，职能边界成了信息壁垒，一项全局性政策被切割为各自为政的“地盘”。清障破藩，应在强化督察机制、增强执行力的同时，加大信息化建设力度，运用大数据的储存方式和处理技术，建立基础数据库、专业数据库和应用数据库，打通相关各部门之间的数据链，以“技术强制力”克服政务数据碎片化、信息资源共享程度低等问题，为推进行政审批制度改革、推行权力清单、责任清单、负面清单等制度，为解决部门间放权不同步、不协调的问题提供支持，为建立统一开放、竞争有序的市场体系，克服地方保护主义，打造新的动力。将大数据运用到管理决策中，可以通过交叉复现、质量互换、模糊推演等手段，有效统合各方面数据资源，使信息趋于系统化，克服由信息不对称所产生的治理难题，提升决策科学化水平。在这样的情况下，政府推动简政放权，可以不再简单地依靠部门提出方案，而是采取上下结合，共同拟定改革的施工图和路线图，由以往的被动“接球”向主动“发球”转变。我国政府实施的工商营业执照、组织机构代码证和税务登记证“三证合一”“一照一码”登记制度改革之所以能够快速推进，很大程度上得益于大数据的应用。具体来说，就是通过建立项目并联审批平台，形成网上审批大数据资源库，实现跨部门、跨层级项目审批、核准、备案的统一受理、同步审查、信息共享、透明公开，大大简化了“证照”办理程序。

在“一站式”行政审批和服务体系建设中，从过去部门分散的“多门式”到“一楼式”物理整合，再到统一共享的“化学式”数据平台转变，这将进一步推动简政放权的深入实施。

大数据促进放管结合。当前行政体制改革的一个显著特征是把简政放权与加强管理结合起来，既要放得彻底，又要管得到位。面对日渐增多的海量信息，政府部门可以通过改进对大数据资源的利用方式，提高信息使用频率，建立以公众需求为导向的信息化平台，实现放和管的良性互动。大数据技术可以揭示事物、信息之间的关联关系，将企业生产经营、销售物流、检验检测领域的数据自动汇聚到分析系统中，政府部门便可以随时掌握企业违法失信、投诉举报、消费维权等信息，预警市场的不当行为，提升政府的风险防范和应急响应能力，将管理方式由“人盯事”“一对多”变为“大数据盯事”“多合一”，大大提高监管的效能。按照国家治理能力现代化的要求，有效的监管需要多元主体的共同参与。政府要按照放管结合的要求，进一步加强政府信息公开工作和数据开放的力度，除了涉及国家安全、商业秘密、个人隐私的信息外都向社会开放，积极运用大数据、云计算、物联网等信息技术，消除信息“死角”，使“守信者一路绿灯，失信者处处受限”，这不仅有助于维护市场秩序，也将倒逼政府自身改革，尽快实现大胆放权搞活与严格监督管理有机统一、相互促进的良性循环。大数据所体现的现代信息技术，不仅为政府提供了决策层面的技术支持，而且由于其不断融入行政组织的基础性制度和工作机制之中，有助于创新政府执行方式，提高贯彻落实政策的能力。要把“工匠精神”引入政府管理，对自己的产品管理和服务做到精益求精、极致严谨、追求完美，这就需要提升行政管理的精细化、精准化、标准化程度。进入攻坚期的“放管服”改革，会涉及很多利益格局的调整、权责关系的重塑、管理模式的再造、工作方式的转型，任何一个方面、一个环节出了问题，都会影响改革成效。大数据技术的运用将大大提高政府工作的问题导向、需求导向和目标导向，设计出“行简政之道、革烦苛之弊，施公平之策、开便利之门”的方案来。近年来，很多地方和部门探索实施数字化城市管理、网格化社区治理，建设智慧城市、智慧社区、智慧村庄，通过收集和分析城市、乡村的各种数据，建立以“人、地、物、事、情、房和组织”为核心的基础信息数据库。这将克服运动式和突击式执法以及服务效率低的弊端，从被动管理的模式转变为前馈式管理模式，做到小事用“微服务”在网格中完成，大事靠“一站式”在基层解决。

大数据实现优化服务。大数据运用到政府治理中，可以推动简政放权、放管结合与优化服务统一起来，加快服务型政府建设，为人民群众提供比较充裕的公共产品和优质高效的公共服务。在促进大众创业、万众创新中运用大数据，有助于提高政府服务“双创”的效率。政府通过大数据可以了解“双创”政策的落地成效，反馈和诊断“最后一公里”症结所在，聚焦“痛点”、瞄准“堵点”，有针对性地为公民创办企业服务，为企业松绑减负，营造亲商氛围，更好地为创业创新清障搭台。在推广政府和社会资本合作的领域，依托“互联网+政务”，可以多渠道提升公共服务共建能力和共享水平，让投资者办事更方便、收益更满意。在优化服务中还有很多细节可以应用大数据技术，如当消费者走进存在不良卫生记录的餐馆时，政府可以自动向其移动终端发送“别在这里吃饭”的短信、微信提醒，让消费者“用脚投票”，督促企业整改。大数据技术的应用，将信息的“获取—传递—处理—分发”运行轨迹修改为“采集—传递—分析—应用—反馈”的数据流程，高效的信息集成技术、数据分析技术，以及“数据混搭”技术，能够为发现不科学、不正确的决策做出反馈性提示，改变政府决策的传统正向思维范式，提高政策出台后可能出现的社会风险预判能力，把决策失误提前到事先，纠正在决策过程中。

在大数据的开发和应用中，最为重要的是做好顶层设计和战略规划，进一步做好基础设施建设、平台搭建、数据收集与资源共享。政府在大数据应用过程中起到关键性作用，政府对大数据计划的高度重视和强力推动，有利于正确引导与有力支撑大数据的开发与应用。政府应在数据收集与存储方面、多部门合作与资源共享方面、数据安全与保护个人隐私方面，制定相应的标准、法律法规并给予政策与财政支持。一是依托大数据平台，优化行政流程，降低交易成本，实现实时、便捷、扁平化的管理。二是建立快速回应和处理机制，采取有效措施及时解决现场问题，并将风险降低到最小，防患于未然。三是建立快捷的行政信息传导机制，落实责任和及时追责。四是要重视学习创新、技术更新，促使大数据应用恰到好处。目前的“大数据热”有可能诱发各地新一轮的跟风冒进，但大数据的开放与应用归根结底还是技术问题，如果没有不断的学习创新、技术更新，大数据应用将会陷入泛滥、低效的循环中。应激励相关部门与企业对大数据进行开发与应用；积极推进大数据在交通、医疗、教育、环境卫生等方面的技术更新与创新应用，从管理与治理层面挖掘大数据的价值；鼓励政府部门之间相互学习、合作创新，不断提高大数据利用效率。五是要重视人才培养的同时激发公众的参与热情，适时吸纳人才与技术。面对当前信息科技的快速发展、大数据的开发与应用，人才缺乏是许多国家面临的现实问题，人才培养亟须推进。一方面需鼓励大学增设相关专业与课程，并加强与其他学科交叉培养。另一方面需重视实践，与企业合作培养专项人才。同时，做好数据开放工作，使社会“脑洞大开”，从而激发民智，激励公众参与数据开发活动，群策群力共同为大数据应用贡献智慧和力量，适时吸纳人才与技术。

## 三、国内成功经验与启迪

### 1. 香港、铜陵市行政管理结构“扁平化”的启示

（1）香港行政管理结构“扁平化”的历程与启示

香港特别行政区行政管理体制的发展过程中，总体来讲，经历了三次比较大的改革。这也是促使香港从最初的一片“荒芜之地”发展成为现在的国际金融、商贸、航运、旅游中心的一个重要原因。

第一次始于1973年。香港政府采纳了麦健时管理顾问公司的建议，将原来按部门分类划分职权的科（现称“局”），改为按政策范围划分职责，负责统筹制定政策，但不负责领导部门执行政策，即将制定政策的科与推行政策、直接为市民提供服务的部门相对分离，相应设立了2个资料科，即财政科、铨叙科（现为公务员事务局），6个政策科，即房屋科、社会服务科、环境科、保安科、民政科和经济科。这次改革解决了主管科协调乏力、行政系统中枢梗阻、中央控幅过宽的问题。

第二次始于1988年。香港政府聘请了希氏国际顾问公司对行政管理体制进行全面探讨，希氏国际顾问公司认为，香港政府行政体系健全，不需要进行重大的重组和改组，为加强布政司（现为政务司）的统筹作用，增设了几个辅佐政务司工作的机构。同时，为改变行政机构过于庞大的情况、减轻财政负担，提高行政效率，政府开始推行“公共部门改革”，逐步将一些本属于行政机关负责的行政事务改为法定公营机构经营。香港回归后，除机构名称及个别机构调整外，整个行政管理体制基本保持原貌，继

续发挥促进香港社会稳定和经济繁荣的作用。

第三次始于1997年。1997年7月1日，中华人民共和国对香港恢复行使主权后实行“港人治港，高度自治”，香港社会政策还较多地与原存制度有过渡性的联系。20世纪末以来，香港地方行政机构膨胀，政府工作效率低下引起社会公众的不满；特区政府1999年根据西方流行的新公共管理思潮大胆引入新人力资源管理范式，推行“以客为本”服务理念，并对特区政府行政架构和公务员制度进行改革，到2005年已经较好地建立起以能力为本的公务员管理体系。这一次的改革原则为：①决策、执行和监督相互分开又相互协调；②行政架构精简，岗位责任明晰并由法律规定；③注重行政效能的提升。香港回归后行政改革的主要任务是为推动某一领域发展而进行的机构调整，实现“小政府，大社会”目标，着重政策的执行，强调关注民生和经济发展，促进香港与内地融合。主要任务包括：①为推动某一领域的发展而进行机构调整（如科技发展、环境保护等）；②实现“小政府、大社会”目标；③注重政策的制定和执行，强调部门之间相互协调；④推行“高官问责制”关注民生和经济发展，促进香港与内地融合，加快经济转型。

经历了三次的行政体制改革，香港取得了一定的成果，在近年发布的权威报告《全球竞争力报告》中，香港政府公共部门的素质指数世界排第9名，在亚洲国家与地区中排第1名。具体可借鉴的经验和启示如下：

第一，推行“小政府、大社会”政策，工作效率显著提升。香港仅用了占劳动人口4%的公务员队伍来管理整个香港的公共事务，只有17%左右的事务由政府负责，大力推行政府购买公共服务，凡实施公共服务项目，首先考虑市场能否提供，市场能提供的最好通过市场购买，同时，通过合同形式确保服务质量。

政府负责制定服务政策、拟定发展路向、向立法会申请拨款、监察非政府机构的服务表现以及向市民直接提供包括社会保障在内的法定及核心的福利服务。非政府机构则负责按政府的既定服务政策向市民提供优质核心及非核心的福利服务。这些服务包括家庭及儿童福利、社会保障、安老服务、康复及医务社会服务等等。

第二，机构设置扁平化、职责界定清晰。香港政府是一个高效的、负责的政府，体现在不该管的事，根本不去插手；而该管的事，则管得比较到位。根据《基本法》的规定，香港特别行政区的架构可分为三部分：一是以行政长官及行政会议成员、公务员组成的行政机构，负责政策制定及执行工作；二是负责监督政府，通过法例及政府预算的立法机构；三是根据法例进行独立审判，防止行政机关越权、滥权、保障个人权利的司法机构。在行政机构设置上，香港特别行政区政府的横向分设三司：经济职能由财政司管理，政府管理职能由政务司负责，律政方面职能由律政司负责。纵向则有“司、局、署（处）”3个层次：战略决策的是行政长官和三大司长，而具体的、不同范畴的政策制定由局级机构负责，各署（处）负责执行；司长分别协调所属的局；司长、局长是行政会议的成员，协助行政长官的决策，实行行政官员负责制。此外，廉政公署、审计署、申诉专员公署等机构则直接对行政长官负责，起监察的作用。

（2）安徽铜陵实施行政管理结构“扁平化”的经验与启迪

“铜陵模式”的提出与内涵是基于全国大力推行社区改革的现状。安徽省铜陵市是安徽省面积最小、人口最少的地级市，下辖三区一县，总面积1113平方公里，总人口74万。随着社会的发展，铜陵市的三级社区体制在社区运行中的弊端越来越明显，街道办事处和社区工作站在社区管理运行中机构类似、功能雷同、职能重叠，在提高了成本的同时反而降低了效率。铜陵市传统行政化的社区体制已不能适应社会发展的需要，另一方面，社区居民关于弱化社区的行政色彩,增强社区自治的愿望也越来越迫切。在全国社区改革的时代背景和铜陵自身面临社区体制困境的现状下，为创新城市社区管理和服务新模式，积极探索建立适应城市经济社会管理的新体制，安徽省铜陵市全面启动了社区综合体制改革，探索出了区直管社区的“铜陵模式”，掀起了我国社区改革的一个高潮，在改革模式上开创了先河。“铜陵模式”是指铜陵开创的区直管社区的城市基层社会生活框架的改革模式，是一次城市社区综合体制的模式创新。其基本方向是减少层级、强化自治，核心是撤销街道办事处，成立大社区，变“区、街道、社区”三级城市基层管理体制为“区、社区”两级服务形式，通过减少街道这个管理层级，强化居民自治功能，提升为民服务水平。

①铜陵模式”的特色与经验

一是撤销街道办事处。减少行政层级实现管理结构扁平化是提升我国城市基层社会建设的重要方向。铜陵市铜官山区自2007年7月起撤销街道办事处体制，把城市管理模式由原来的“市、区、街道、社区”四级变为“市、区、社区”三级，直接实行“区直管社区”的城市综合管理体制，减少了行政层级，实现城市基层管理体制结构的扁平化。在我国存续了55年（1954年12月《城市街道办事处组织条例》的颁布从法律上确立了街道办的合法地位。该条例于2009年由全国人大宣布废止。）的城市街道办事处对基层社会建设的进步发挥了重要作用，但随着我国经济社会的快速发展，街道办事处体制已成为城市基层社会建设提升发展的体制性障碍。因此，从长远来看，街道办事处这个行政层撤销，特别是在中小城市是个必要的方向，而且“铜陵模式”体现了在加强基层服务和民意反馈方面、组织构建方面、改革整体推进方面和公共服务方面的可行性。

二是建立社区组织管理新体制。铜陵社区服务管理体制改革后在新组建的社区内建立“社区党工委、社区公共服务中心、社会组织”三套班子共同服务社区居民，一定程度上预示着中国城市基层社区建设开始进入社区组织体系建设和基层政权体制改革互联互动的发展阶段，将中国城市基层建设引入一个新的发展阶段。网格化管理。将改革后的大社区划分网格管理，一位社区工作者对应一个网格，一个网格大约涵盖300户居民。高效率划分网格，一人一网格，职责相应，有序管理。“AB岗”。社区工作者身兼A、B两个岗位工作，A岗为改革前的坐班本职工作，B岗为新的网格工作。每天一次走访或调查、采集住户信息、反馈住户意见，努力实现服务多元化、精细化、规范化、个性化。建立楼栋长、网络信息服务平台等，实行为我们提供了在社区管理方面的一些很好的经验。

三是社区自治效果显著。撤销街道，社区居委会直接对接居民，层级减少，最直接的改革效果就是办事效率的提高，这点几乎是所有居民最认同的、评价最高的直接改革成果。此外，改革之后资源配置向社区集中，居民自治得到强化，居民服务需求得到满足，管理成本下降的同时效益提升，社区工作队伍在一定程度上得到优化，专业认同感也得到加强，党的基层执政得到巩固等。

四是强化居民自治，变“为民作主”为“让民做主”。其改革经验在与铜陵类似的中小城市值得推广，健全社区居民代表大会、居民和党代表议事委员会等各项制度，社区事务采取社区听证会、居民代表会议等方式集体讨论决定。在社区服务中心建立多个社区服务站，扩大服务范围，接待居民来访来问，为居民办事解疑。鼓励居民积极参加各类社区社会组织与各项志愿服务工作，开展职业技能培训、帮扶帮困、维护社区治安等，加强精神文明建设，提高社区认同感，增强社区团结。这些都是铜陵好的经验，在一些中小城市，特别是情况与铜陵相似的，可以借鉴铜陵模式的改革经验。

②“铜陵模式”存在的局限

“铜陵模式”虽然取得了很大的成绩，但也存在着许多局限性。首先是社区定位不明确、各种权责关系有待理顺，这里有市与城区的权责关系、城区各个部门的权责关系等。其次是去行政化困难、行政化色彩依然较多存在。自治机构建设仍未成型，居民代表大会、居民议事会等自治组织还未规范。第三是工作者队伍建设有待提升。一个突出的问题即是工作者数量少而工作量大，改革后，服务对象数量扩大，由原来的小居委会到现在的大居委会，居委会辖区 3 万多人，小一点的将近 2 万人，但是工作者数量基本不变，有的还有减少的现象。工作者做好 A 岗本职工作的同时，兼任 B 岗网格员，登门上访居民，负责日常巡查和综合信息采集等工作。同时，工作者专业素质不高，干部队伍薄弱，专业社工数量少。铜陵市铜官山区进行了很多干部培训，设法改进社区工作者的工作条件和手段，但科班出身的专业社工基本没有，无法满足居民日益增长的需求。最后留不住人，由于身份编制、待遇以及环境等问题，大学毕业生进入社区后，拿不到与物价比例相当的工资，有时就连政府承诺的工资也不能如期拿到，极大地挫伤了他们的积极性，很多大学生在工作一段时间后就会选择离开。

### 2. 大庆市、贵阳市实施“社区制”的经验与借鉴

（1）大庆市建立城市管理“大社区制”

城市社区作为城市最基本的组成单元、最关键的基础部位、最终端的管理末梢，对于提高城市社区管理和服务层次水平尤为

重要。2012年大庆市借鉴安徽铜陵等地取消街道办事处建立大社区的经验，在全省率先将市区29个街道和200个社区整合为70个城市新社区，取消街道层级，确立区直辖社区的新社会管理体制。新社区实行“一委一站一会”（党工委、工作站、居民议事会）的组织架构，使政府管理和服务在区一级实现了扁平化。

大庆市建立大社区制的具体做法是：一是减少管理层级。实现执法人员下沉、取消街道，实行区直辖社区，是深化行政管理体制改革，转变政府职能的大胆尝试，也是理顺基层政府行政管理和社区自治管理的重大举措。它不仅解决了以往管理层级过多、人浮于事的问题，更为重要的是壮大了社区力量，实现了行政执法人员下沉，解决了困扰社区多年的人手不足、管理和服务不到位、群众反响较大的问题。二是整合了执法队伍，提高了行政效能。开展城市社区综合行政执法是相对集中行政处罚权工作向基层的深化和延伸。过去我们的相对集中行政处罚权工作还只是停留在市、县区层面，在街道还是由各部门分别派驻，各自单独执法，既提高不了行政效能，也降低不了行政成本，更达不到应有的执法效果。大庆市在深入调研论证的基础上，通过相对集中的方式，将城市管理方面的园林绿化、市政公用、市容环卫、物业管理，以及城市规划、环境保护，以及社会治安、公安交通、消防安全、文化稽查、劳动监察、卫生监察、房产监察等各支行政执法队伍在社区层面进行整合，建立城市社区综合行政执法队伍，实行“一队多能、一口受理一管到底”，确保了行政执法人员下沉，使管理更直接、更到位。特别是对一些苗头性的行政违法行为，能够早介入早告诫，将其遏制在萌芽状态；对一些轻微的行政违法行为，能够做到及时取证、及时处罚；对一些严重的违法行为，能够第一时间发现、第一时间上报，有效地避免恶性案件的发生。三是前移了服务端口，方便了群众办事。社区作为居民自治组织，为社区居民服务是它的主要功能。大庆市在推进社区改革中，围绕百姓需求，通过做实社区服务综合体，前移了服务端口：一是延伸了政务服务。在社区建立公共服务中心，开设劳动、民政、社保、计生、综治、司法等服务窗口，实行集中办公、“一站式”服务。二是扩大了便民服务。完善社区医疗卫生服务中心，设立水、电、燃气、物业、采暖、通讯“一卡通”缴费服务，开设社区平价超市、居民餐桌、洗浴理发等服务网点。三是推动了公益服务。建立社区老年人日间照料中心、社区爱心大妈调解室、社区“四点半”学校，由社区社会组织和志愿者团队承接，政府购买服务。通过扩大服务范围，动员政府、企业、社会组织参与，采取无偿、有偿或低偿等服务方式，更好地实现了社区“服务事项多类、服务主体多元、服务形式多样”的目标，最大限度地满足了社区居民多样化的需求，让困难群体、弱势群体，尤其是司法矫正对象及刑释解教人员、需要心理援助及干预的人群、缺乏管护的智障人员及有暴力倾向等特殊群体的基本生活得到更好保障，使社区更有凝聚力和归属感。

（2）贵阳实施“社区制”的经验与探索

贵阳的城市基层管理体制改革主要以探索建立“社区制”为制度载体，以精简高效、多元合作的城市基层管理体制和运行机制为目标。它的制度设计一是精简管理层级。撤销街道党工委和街道办事处，建立由区直属的社区党委和社区服务中心，变“市—区—街道—社区”四级管理为“市—区—社区”三级管理，实现党的工作重心下移。社区服务中心为副科级事业单位，直接面对群众提供公共管理服务。二是构建“一委一会一中心”组织构架。“一委”即社区党委，是社区各项社会事务的领导核心。“一会”即居民议事会，是社区议事协商机构。“一中心”即社区服务中心，是政府在社区实施服务和管理的平台。形成“党委领导、政府负责、社区协同、公众参与”的社会治理格局。三是实行“一社多居”。以地域面积和服务半径为主要依据，同时兼顾人口数量、治安管理、公共服务资源配置等因素，重新划定社区管理服务范围，每个社区地域面积2—3平方公里，人口数量2万—4万人。这样的社区划分，更加贴近居民群众，专注于便民利民。四是推行“居政分离”。居委会协助社区服务中心开展工作，不承担行政管理性事务。对政府需要居委会协助完成的工作，通过“政府购买服务”的方式，及时兑现工作经费，实现“费随事转”“养事不养人”。

“贵阳模式”对城市基层管理社区化改革的创新主要体现在以下几方面：一是创新公共服务机制。“贵阳模式”以“治理”取代“管理”，建立起了政府购买、社区服务中心运作、居民受益的社区公共服务机制。充分整合街道社区资源，推行城市基层扁平化管理，使城市管理和服务资源下沉到社区，有效地促进了政府、市场、非政府组织多主体参与社区自治和实现社区公共服务最大化，促进社会和谐。二是提高管理水平。社区服务中心集中办理政府的各项行政事务，实现政府行政管理职能和社区居民自治职能相对分开，理顺了政府与居委会间的职责关系，推动了政府职能转变，简化了居民的办事流程，提高了政府的行政效率，增强了服务意识、指导意识和责任意识。社区服务平台的搭建，能及时解决基层存在的各种矛盾和问题。三是提升了服务功能。社区服务中心把全部精力用在社区管理和服务上，推行“首问负责、一站办结”服务模式，开设便民利民服务窗口，集中开展各类党务政务服务。社区引进医院、银行、农贸市场等企事业单位进驻，打造“15分钟社区服务圈”，设置“24小时服务电话”，开办社区网站详细介绍服务种类，从而更加贴近基层、更加方便群众。社区多元化服务的开展，提高了办事效率，降低了行政成本，给居民带来了实惠，增强了社区的凝聚力。四是实行区域化治理。社区和驻社区单位突破隶属关系和行业局限，畅通沟通渠道，架起共同为民服务的桥梁，有效增强了社区对驻区单位的凝聚力，增强了驻区单位党员、职工的社区主人翁意识，形成了共驻共建的工作合力。通过开展公推直选，发扬了基层民主，提升了群众对社区组织和干部的公认度。通过建立社区工作通报、班子成员联系基层和定期走访等制度，密切了党群干群关系。五是通过建立社区议事机制，增强了居委会自治功能。拓宽了居民参与社区事务的渠道，群众主体地位得到尊重，做到大家的事大家议、大家的事大家办，增强了社区的感召力和影响力。通过组织开展丰富多彩的文体活动，把党员群众凝聚起来，增强了对社区的认同感和归属感。强化了居委会的自治主体地位。“贵阳模式”的居政分离，分离了居委会的行政职能，理顺了基层政府与居委会的关系，改变了过去居委会全权负责社区管理与服务、既是“运动员”又是“裁判员”的双重角色，还原了居委会作为基层群众性自治组织的本来面目。使居民自治由“无序化”向“有序化”转变、由“零散化”向“组织化”转变，强化了居委会的自治主体地位。

3.“副省级”城市新区的行政管理体制改革探索

（1）上海浦东新区的自贸区管理创新经验与启迪

浦东新区是上海市的一个副省级市辖区，其范围包括黄浦江以东到长江口之间的区域。1990 年，中共中央和国务院决策开发浦东。1992 年 10 月 11 日，国务院批复：设立上海市浦东新区。1993 年 1 月，浦东新区正式成立管委会（党工委）。当前，浦东新区是我国综合配套改革试验区、副省级区和国家级新区，也是中国大陆经济产业最发达的地区之一。浦东新区在成立之初开发办与三区两县并存，后来设立管委会直辖街道（镇），最后转化为一级政府模式，建立了新区政府和功能区并存的体制模式，直观表现为：开发办与三区两县—管委会—新区政府 + 功能区 + 街道（镇）。浦东新区探索实行开发区“大管委会”体制，并逐步转化成为“小政府，大社会”的行政管理模式。

1990 年设立浦东新区的初衷，是为进一步开放沿江城市并形成以浦东为龙头的“长江开放带”；2005 年 6 月经国务院批准，浦东新区进行综合改革试点。浦东新区原有的基础设施在“长三角”中还不是最先进的，也无法在较大范围内行使政府行政管理权力，其中，“浦东新区”最突出的矛盾是土地资源稀缺与合理规划的矛盾；而诸如市区规划、多种市区行政管理问题都必须在上海市直接领导下才能解决，因而，其改革必须立足上海，并借鉴国内外，尤其是汲取深圳与香港等特区经验，既要实现浦东又快又好的发展，又要把浦东自贸区建设与行政管理体制改革、与上海建设具有全球影响力科技创新中心战略、提高国际竞争力及国家深化改革扩大开放结合起来。包括行政改革在内的一切改革是以上海市行政领导为主导,浦东新区既要与上海市区一并推进，又要体现“先行、先试”的示范要求。从实践上看，中共上海市委明确了浦东新区整体改革的方向、原则，浦东新区的改革纳入了全市行政改革方案。同时，又从全市乃至“长三角”视角着眼，对解决浦东新区经济社会发展中遇到的新情况、新问题提出了“大区域管理”方式，以此更好地整合行政资源，提高管理效能，改进公共服务、促进功能开发。

浦东新区自成立以来，就一直坚持“小政府、大部制”，精简高效的政府运作为浦东开发开放提供了体制机制保障。一方面，新区政府贯彻精简、统一和效能原则，严格控制机构数量和人员编制；另一方面，机构设置以职能整合和机构功能创新为指导思想，按职能模块设置大系统综合管理机构，全面构筑“小政府”行政管理体制，大大缩减了政府机构的数量。目前浦东区政府的职能局，与上海其他区县相比，机构减少了一半，相当于国际同等区域的政府机构设置。而今浦东提出打造“现代政府体系”，再次进行“政府事务重组”，其中动作最大的是设立了六大功能区，并对原来政府部门职能进行拆分重组。六大功能区作为区政府派出机构，有党委，有行政班子，其设立并没有使浦东新增一个编制，这项改革的关键是对政府机构、职能的“整合”。

浦东新区的改革原则包括：①精简、统一、效能为原则；②决策、执行、监督相互制约、相互协调；③创新运行机制，提高行政效能。主要任务：①转变政府职能，发挥市场、公民和社会组织在社会公共事务管理中的作用；②调整优化组织结构；③坚持机构改革与相关配套改革整体设计，辅之相配套的制度设计和流程再造；④按照权责一致的原则，界定和调整政府部门的职能，并明确责任；⑤严格控制机构编制，同时清理和规范议事协调机构和临时机构。

上海自贸区制度改革的核心是实现政府职能转变，大幅度减少审批事项，以制订负面清单为依据，形成一个开放透明、以备案制为主的投资管理体制。2015 年，自贸区在第一年“不涉及负面清单不必审批，五个工作日办结备案手续”的基础上，继续沿着“适应、突破、创新、推广”的主线深化改革，努力突破不合理的条框约束，制定符合国情要求的新政策法规，并把这些已经成熟的改革成果推广至其他自贸区乃至全国。

为了提高统筹力度，加速区域发展，经国务院批准，上海浦东新区、天津滨海新区和重庆两江新区都是我国综合配套改革试验区、副省级区和国家级新区。副省级新区是中华人民共和国行政区划名之一，它们的行政区划没有变化，只是行政级别有所提高。即副省级新区的区委书记、区人大主任、区长、区政协主席均为副部级，副职为正厅级（见表 2.5）。

**表 2.5　副省级新区干部配备**

| 部门处室 | 部门副职 | 部门正职 | 新区副职 | 新区正职 |
|---|---|---|---|---|
| 副处 | 正处 | 副厅 | 正厅 | 副部 |

近年来，上海自贸区的行政体制创新和改革取得了显著成效，截至目前，自贸区中央层面投资核准事项减少了 76%，境外投资项目核准除特殊情况外全部取消。货物贸易实现了海关、安检和商检等 17 个部门的“单一窗口”联合办公，贸易便利化水平进一步提高。具体可借鉴的经验和启示如下：

第一，上海自贸区机构设置遵循精简、综合、服务地方的原则，效率显著提升。浦东新区政府工作部门共 19 个，明显少于目前上海其他区县 26—28 个委办局的配置，其中，为适应上海国际金融中心建设要求、突出其金融核心功能区，浦东新区组建了金融服务局，承担金融业发展的综合研究、政策配套和服务、协调、监管职责；为加快航运中心建设，浦东在经信委内设航运服务工作领导小组，并专设航运服务办公室作为其办事机构，同时还设浦东新区海洋局，实际是“三合一”机构；此外，有一些局委合并或降为二级机构，但其职责则有所扩充。

第二，以“民为本、社会为本”为总体原则，打造新型政府管理形态。党的十八大提出要“积极打造服务型政府”，对于上海自贸区政府管理模式的创新就必须充分关注和打造一个“民为本、社会为本”的服务政府，改变原有政府掌舵的管理形态。遵循服务为先原则，能延伸出服务型政府管理模式多个原则，包括政府公开透明原则、行政高效原则、便民服务原则和社会治理原则等，将政府从审批型转变为服务型，从高成本型转变为高效型，体现政府执政为民，促进社会与经济协调发展的要求。

公开透明原则要求政府管理和运行必须在“阳光之下”接受社会监督，同时提供可靠、有效的政务信息和国家政策，坚持以公开为常态、不公开为例外原则，推进决策公开、执行公开、管理公开、服务公开、结果公开。

行政高效原则体现在两方面：一方面政府管理组织结构进行不断优化，精简管理部门设置，运用科学绩效管理提升服务效率，例如上海自贸区管委会精简机构，由原综合保税区的“9（内设机构）+3（片区管委会）”合并为“7+3”，上海自贸区扩区后变为“3+5”，内设机构不断重组优化。另一方面还表现在政府实际履职过程中的速度与质量，例如上海自贸区简化通关手续、缩短工商营业执照的办理时间等。

便民服务原则在价值层面上体现我国“以人为本”的治国思想以及我党“为人民群众服务”的光荣使命，从法律层面上看是对政府行政行为提出的要求，是服务为先大原则的直接体现；社会治理原则是转变原有社会管理的管制型政府下的社会运行形态，通过引入市场参与、加强社会群众自治实现社会良治。

社会治理原则能有效支撑政府管理，依托包括各种社会组织和经济组织的力量，形成多中心协同的治理模式，缓解因政府减弱对市场控制而产生的管理和法律真空，在政府渐退的过程中维持良好的市场秩序。虽然自贸区目前涉及社会治理方面不多，但随着自贸区扩区以及自贸区改革的推进，国家层面提出的完善社会治理的要求必定要成为上海自贸区改革的一项基本原则。

（2）天津滨海新区的行政体制经验与启迪

滨海新区是天津市下辖的副省级区、国家级新区和国家综合配套改革试验区，位于天津东部沿海地区，环渤海经济圈的中心地带，是中国北方对外开放的门户、高水平的现代制造业和研发转化基地、北方国际航运中心和国际物流中心、宜居生态型新城区，被誉为“中国经济的第三增极”。

滨海新区在2005年开始被写入“十一五”规划并纳入国家发展战略，成为国家重点支持开发开放的国家级新区。滨海新区设立时借用市政府权威，设立滨海新区领导小组，在领导小组的宏观组织之下，滨海新区管委会和行政区政府并存，最终管委会也成为一级政府（见图2.4），同时存在功能区和城区作为派出机构，直观体现为：领导小组—管委会+行政区政府—新区政府+派出机构（功能区+城区）+街（镇）。

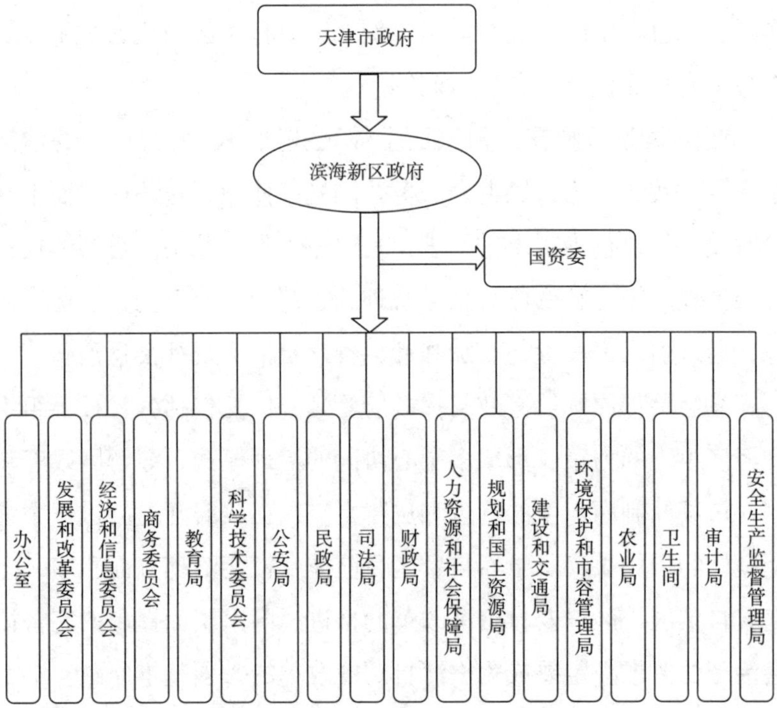


**图2.4　天津滨海新区组织构架图**

行政管理体制改革，是滨海新区作为国家综合配套改革实验区承担的诸多先行先试改革的重中之重，也是难点痛点之一。迄今为止，天津滨海新区共经历了两次行政管理体制的重大变革，每一次变革都给天津滨海新区带来重要影响。

天津滨海新区的行政体制历次行政体制改革回顾：2009—2013 年第一次行政体制改革。2009 年 11 月 9 日，国务院批复滨海新区管理体制改革，这是新区建区初始实施的第一轮大规模行政管理体制改革，直接推动了滨海新区持续几年的高速发展；而在中国步入改革深水区、深层次体制矛盾日益凸显的形势下，滨海新区以行政体制为改革切入口，涉及部门广、人员多。第一次行政体制改革的重点内容包括：减少管理层级，撤销塘沽、汉沽、大港三个城区工委、管委会建制，区委、区政府领导街镇工作，此外，新区科学划分街镇辖区，将原有 27 个街镇分步整合，同时对大小 12 个功能区归并整合。整合后的功能区精简内设机构，进一步下放管理权限。2013—2016 年第二次行政体制改革。2013 年 9 月 26 日，天津滨海新区行政管理体制深化改革正式启动。这次以理顺行政关系、重新调整经济与社会发展布局结构、建立新的“扁平化”与“大部门体制”为特点的新区行政管理体制“再改革”，是在 2009 年 11 月 9 日开始的滨海新区行政管理体制改革的大框架下继续完善与理顺关系的深化改革。滨海新区行政管理体制深化改革主要包括：撤销“塘汉大”工委、管委会建制，确定行政区统领，功能区支撑，街镇整合提升的整体方案；在区级层面体制、街镇层面体制和功能区层面体制的基本框架；“两步走”与做好“七件事”的具体步骤。一个时期以来，制约滨海新区发展与效率的所谓“区管区”的行政关系最终得到理顺，新的行政架构初步呈现。

滨海新区管理体制改革的全面实施，整合了行政资源，完善了体制机制，初步构建起了“精简、统一、效能”的行政管理框架，为滨海新区全力打好开发开放攻坚战、成为贯彻落实科学发展观排头兵提供了制度保障。本次滨海新区深化管理体制改革的基本思路是，撤销“塘汉大”工委、管委会建制，行政区统领，功能区支撑，街镇整合提升。所谓行政区统领，就是滨海新区区委区政府真正体现区级行政职能，不再通过塘汉大工委、管委会，实现对新区所辖的全部行政区域和各个功能区的直接管理。过去是三个层级，现在变为两个层级。同时对12个功能区进行归并整合。职能作用、结构性质、项目类型相关相近的区域要进行归并整合，以利用此机会进一步调整经济结构、产业结构、发展空间与布局，进一步对资源与环境进行优化组合，形成更具特色的、科学合理的新区经济发展的布局与架构。

行政管理体制改革的稳步推进，激发了滨海新区的创新与发展活力，大项目好项目快速聚集，城市载体服务功能日益完善，宜居生态城区建设加快推进，综合配套改革持续深化，民计民生持续改善，滨海新区经济社会保持了健康快速的发展势头。具体可借鉴的经验和启示如下：

第一，推行大部门体制，贯彻精简、统一、效能原则。在机构设置上突出管理顺畅、运转高效，采取“合并同类项”的方式，推行大部制改革，高度精简机构，科学配置职能，比较彻底地消除了区域内职能部门重叠、管理权限交叉的弊端。区级四套班子工作部门、内设机构、领导职数、人员编制均不大于原塘沽区规模。区委机关只设立了6个工作部门（含纪委机关），区政府只有19个工作部门。区人大和区政协机关分别设6个工作部门和4个工作部门。滨海新区成为全国同类区域部门机构最少、人员编制最少的地区。

第二，实施经济职能与社会职能相对分开的管理模式。根据滨海新区实际，行政管理体制改革组建了两类区委、区政府派出机构：一类是城区管理机构，成立塘沽、汉沽、大港三个工委和管委会，主要行使社会管理职能，保留经济管理职能，强化教育、卫生、文化、社会保障等工作；一类是功能区管理机构，主要行使经济发展职能，集中精力搞产业开发、抓经济建设。城区管理机构作为新区的派出机构，代行部分社会管理权，充分切合了滨海新区行政体制改革实际,避免了改革力度过大带来的人心不稳、工作衔接不力等问题，是滨海新区行政体制改革的一大创新。在新区区委、区政府机构刚刚组建过程中，尚不能够全面开展各项经济社会工作，尤其是不能够接纳原塘沽、汉沽、大港行政机构的所有工作人员。设立城区管理机构，事实上承接了原行政机构和大多数工作人员，继续行使了经济社会管理职能，保持了行政管理职能平稳运行，保证了行政体制改革平稳过渡。通过组建城区管理机构，滨海新区在全国率先开展经济开发与社会管理职能的相对分离管理模式的探索，为政府职能转变奠定了基础。区委、区政府和两类派出机构形成了整体推进、重点聚焦、相互促进的发展格局，开创了区委区政府统筹管理全区经济社会发展，城区管理社会、功能区主抓经济的新局面，探索了经济职能和社会职能各有侧重、互补协同的新型管理模式。

第三，建立了“一级政府、分类服务”的管理服务体系。在推进行政体制改革的过程中，滨海新区不断探索，逐步明确新区政府与城区、功能区、街道的关系。新区政府主要抓宏观、统全局、出政策，对规划、土地、环保、行政审批等事项进行集中统筹，建立全区统一的行政审批服务中心和分中心，合并审批事项、压缩审批时限、提高审批效率，提供“保姆式”服务。塘沽、汉沽、大港等城区管委会重点加强社会管理职能，强化教育、卫生、文化、社会保障等部门，同时设立经济发展局、街镇工作局等经济部门，重点推动街镇经济、农村城市化和城镇化进程。功能区管委会按照各自发展定位和实际情况，社会事务已经发展起来的继续统筹经济社会发展，社会事务尚未起步的则卸掉社会事务包袱，一门心思抓经济。街镇重点强化经济职能、社会管理职能和公共服务职能，建立便民服务中心，加强社区公共服务。

第四，推行“新区的事在新区办”的运行机制。为了使滨海新区获得更大自主发展权、自主改革权和自主创新权，天津市委市政府要求，在天津市权限范围内，滨海新区能办的事，由滨海新区自己决定。市政府分别于2011年2月1日和2012年3月1日，先后两次向滨海新区下放市级行政审批权限和职能事权。同时，天津市行政许可服务中心进驻部门在滨海新区行政服务中心设窗口延伸服务的行政审批事项18项。行政审批权限的下放和扩大，进一步增强了滨海新区的投资优势，优化了投资环境，保证新区具有率先改革、率先发展的体制机制优势。

目前滨海新区行政管理体制运行中存在的突出问题：

①滨海新区管委会体制有待进一步理顺。滨海新区的开发和管理模式是延续了全国各地开发区党政企联合的开发模式，在充分发挥行政区与功能区各自优势的情况下进行的混合型经营开发管理模式，而这种模式在实际运行中存在如下几个主要问题。第一，管委会体制存在先天不足，缺乏足够的授权。滨海新区的最高管理机构—滨海新区管理委员会只是天津市政府的派出机构，不是完全的行政机构，只能对区域内的三个行政区、两个镇、三个功能区的经济建设工作进行指导、协调。但由于缺乏足够授权，在协调各方工作与经济建设方面，管委会显得力不从心。第二，“党政企合一”的发展模式本身存在局限性。滨海新区党政企“三位一体”，政府（管委会）干预企业，企业依赖政府，相互之间的权责利没有落实在契约形式上，最终形成一种“剪不断、理还乱”的局面。第三，管委会、各区政府的多头、多重管理。滨海新区与三个行政区、两个镇、三个经济性功能区组成一个多面体，

彼此之间条块分割，政出多门，而又权责不清、分工不明，经常出现争抢利益又推诿责任的现象，导致了空间组织混乱、重复建设、无序竞争与资源浪费现象，这有悖于滨海新区效率优先的核心目标，影响了滨海新区的整体发展。第四，滨海新区层级不够，难以协调工作。尽管滨海新区党工委书记为副省级干部（即由市委常委兼任），但滨海新区管委会本身与塘沽等三个行政区政府和三个功能区管委会一样，仅为区局级，这导致了管委会及其所属各部门在开展工作中的种种限制。

②各经济性功能区的管理模式存在较大弊端。首先，改革进程中的新旧制度差异明显，整合困难。以开发区为代表的各经济性功能区建设，是以管委会为载体，在强化服务意识、精简管理机构、加强依法管理等方面进行了大力度改革的新模式，是改革以来社会主义市场经济建设中的制度创新。社会主义市场经济体制的逐步建立，需要新的行政管理制度来配合。而塘沽等行政区却是以科层制为基础，以各级政府为载体，依然习惯于对经济活动控制和干预的条块结构关系下的传统模式。两种模式在形成背景、管理理念、管理方法以及管理效率等方面都存在着明显的差异，它们之间的碰撞与相互排斥使得功能区域和行政区长期处于分裂状态，难以融合。其次，经济性功能区与行政区各自为政，不利于滨海新区一体化发展。滨海新区内的三个行政区均以自己为中心进行发展战略规划、产业布局以及基础设施建设，不可避免地出现了重复建设、无序竞争的苗头与倾向。同样，各功能区在制定发展战略时也很少考虑与所在行政区的发展进行衔接与融合，这突出表现为三个经济性功能区与它们所在的塘沽区之间的摩擦。这些都非常不利于滨海新区内部微观区域一体化发展的要求，同时造成了滨海新区无法作为一个整体来发挥环渤海区域增长极的作用。

（3）重庆两江新区行政体制改革的经验总结

管理模式：两江新区现在实行的是开发建设领导小组领导下的管委会模式，即由重庆市主要领导组成“两江新区开发建设领导小组”在宏观上对新区建设进行规划和协调。同时在其下设立“两江新区管理委员会（党工委）”，负责新区范围的规划布局、开发建设与综合协调等工作。在微观层次，主要涵盖以下三个方面：在具体行政架构上，两江新区管理委员会则可分解为“1+3”“3托1”的管理模式。“1+3”是指两江新区管理委员会（党工委）规划统筹北碚区部分地域、渝北区部分地域和江北区部分地域。“3托1”则是指两江新区管理委员会（党工委）受市政府委托代管北部新区管委会和两路寸滩保税港区管委会并直接负责鱼石片区的开发建设，以3个区域的现有基础为支撑推动整个新区的发展。在两江新区管委会内设机构上主要设有办公室、经济发展局、政策法规室、工业促进局、服务业促进局、建设管理局等机构，以实现两路寸滩保税港区和北部新区工作对接为前提，积极推进招商引资、项目审批等工作。在片区开发与建设上，成立重庆两江新区开发投资集团有限公司，由两江新区管委会直接领导，以公司为主体负责新区开发。开发新片区时，由所在地的区委委派一名常委担任公司总经理和两江新区任命的董事长一道领导公司负责片区的开发。同时，在两江新区管委会下设园区管委会，由两江新区开发集团总裁和各区区长同时出任各园区管委会主任。从一定角度而言，此种开发模式有助于实现职能的明确划分，防止政府职能混杂、职责不清的现象，符合市场运行的规律，有利于增进新区建设的活力。

两江新区行政管理体制存在的问题。两江新区现行的“1+3”管理模式，即两江新区管委会与江北区、渝北区、北碚区三个行政区政府并行的行政管理模式，必然会导致一系列问题。一是行政主体多元，管理权限划分不明。各行政区政府仍然管理所属区域内的政治、经济、文化、社会等事务，新区管委会负责统筹和协调新区范围内的各项重要事务，而功能区管委会则进行功能区的经济管理工作。行政主体多元化必然会导致各主体管理权限划分不明、多头领导、政令不一，严重影响行政效率，不利于新区政治经济的协调发展。二是经济区域与行政区划不一致。根据两江新区内自然生态环境、产业布局现状及行政区划等因素，两江新区形成十大功能区。这十大功能区的区位与行政区划并不完全一致，地方利益的保护成为行政区政府的本能，因此难以贯彻区域整体规划。三是新区管委会法律地位模糊。新区管委会虽然与行政区政府平行推动，实行宏观统筹和协调，但缺乏与事权相配套的财权，法律也未明确赋予管委会相应的地位和权力，新区内缺乏统一的公共财政体系，有碍新区整体优势的发挥。四是行政区与经济区发展趋同。行政区政府在进行社会管理和公共服务的同时也兼顾经济效益，而经济功能区同时也对辖区内的社会事务进行管理，行政区与经济区的发展方向趋向于一致。什么都抓会导致什么都抓不好，最终会影响新区发展的整体效益。

（4）“副省级”新区行政管理体制改革实践的启示

浦东、滨海、两江新区在各自20年左右的发展历程中，不断进行行政管理体制改革探索，积累了大量经验教训，值得北京城市副中心建设借鉴。加以归纳，主要有以下几点：

①根据现实发展情况，分阶段逐步推进体制机制改革。针对不同开发时期实际情况，分阶段渐进式推进体制改革，切实保障开发工作顺利进行。开发区建设不是一蹴而就的，开发区的行政管理方式也总是在经历不断调整之后，逐渐趋于合理。开发区的不同发展阶段和不同区域对政府职能有不同要求，有关政府大或小、强或弱的探讨需要服从于开发开放的实际要求，对政府边界

的界定永远是在政府与市场和社会的互动中形成。既有实践表明，我国地方政府通常在新区建设启动初期，以强势地位集中土地、资金等重要市场要素，并制定相关政策，强力推动新区建设迅速取得绩效。当新区发展日益成熟，不再只具有单一经济形态，逐步向功能综合、各有特点的城区发展时，政府经济管理功能将更多地体现在保障市场主体竞争有序方面。而且，对于像滨海新区这样的整合已有功能区和行政区形成的综合性新区而言，在开发中还会受到旧的体制机制困扰，行政管理体制改革更具复杂性，更需要根据现实发展情况，分阶段逐步推进，在不同发展阶段采取不同体制。滨海新区走过了比浦东新区更加艰辛曲折的行政管理体制改革之路。从决定开发滨海新区到滨海新区成为统一的行政区划，直至滨海新区统一为行政区之前，曾有过条块分割、政出多门、权责不清、分工不明现象。北京城市副中心建设与滨海类似，也是整合通州区已有行政区后形成的，行政管理体制建立与完善也会有一个不断调整过程。在各阶段具体管理体制的改革创新中，一方面要充分考虑体制机制调整的可行性、可操作性和改革成本，另一方面应该以理想体制为目标，使现阶段的制度安排为体制优化建立基础、做好铺垫。

②较好解决处理集权与分权的关系。建立统一的、高规格的领导机构和结构优化、责权界定明确、分工合理的行政管理架构，保障各开发主体形成合力。在集权方面，一个统一的、高规格的领导机构是跨行政区开发所需要的强有力的组织保障。对于一个分属不同行政区而且内部有多个互不隶属的经济开发区的区域进行一体化统一开发，没有一个统一的领导机构是不可想象的。如果没有统一的领导机构，各行政主体为了自身利益，通常会各自为政，无法形成合力、协调发展。领导权的集中是开发主体形成合力的必要条件；领导机构较高的行政级别和较大的权限是保证

建设工作顺利开展的重要条件。浦东新区的快速发展无疑得益于新区建立初期就设置了统一、高规格的领导机构，而滨海新区在相当长时间内发展受到一定程度的制约与其领导机构所获授权不足直接相关。吸取滨海新区的教训，北京市委市政府应该在考虑实际需要和可行性的前提下，尽可能充分地对副中心建设管委会予以授权，尽快使新区管委会真正具有统一领导、统筹安排、统一协调和监督考核各开发主体的职权，使其能有效整合各种发展力量。在分权方面，建立符合现代政府理念、结构优化、责权界定明确、分工合理的行政管理架构是新区发挥整体优势、科学发展的体制保障。在浦东行政管理体制改革创新中，围绕开发功能，按照“分权”路径，有效供应了制度安排，推动了经济社会的协调发展。其横向“分权”特点在于明确界定政府与市场、社会的关系，纵向“分权”特点在于不同行政层级明确划分事权，按照利益主体关联度和公共性、有效性优化管理链，实现扁平化管理。浦东在新区建立之初，突破原有按微观经济主体细分行业管理的模式，取消各类行业主管部门，建立统一的综合经济管理部门，通过机构职能的瘦身，把市场中各经济主体成长的空间释放出来；同时，培育各类中介组织，作为政府与企业之间联系的桥梁和纽带，提供公共服务；在简化管理层级上，大规模撤并街镇，实现区域集约发展；在重点新区域设置专门的管理机构和功能型开发公司，直接负责土地开发、运营和招商引资等工作；开发功能之外的相关社会管理和建设任务，全部交由街镇管理机构承担，便于新区集中精力高效率推动开发建设。借鉴既有经验，发挥“后发优势”，副中心在进行制度设计时，应该在“集权”和“分权”上作出科学合理安排，走出“一统就死，一分就乱”的怪圈。

③实现行政管理机构扁平化。依据浦东与滨海新区的实践可以发现，转变政府职能不能为转变而转变，政府瘦身过程中不能

形成管理真空。设置作为派出机构的功能区管委会和城区管委会的确在区政府乡镇之间增加了一个层级，但却有利于避免出现管理真空问题。功能区管委会和城区管委会的设置，可以看作是一种过渡性的体制，是在新区经济社会发展还不够成熟的阶段为应对管理幅度过大难题，切实提高基层管理机构行政效率而采用的权宜之计。北京城市副中心建设同样面临管理幅度大的问题，副中心建设可以借鉴浦东和滨海新区的做法，在适当时候创造性地采取类似功能区管委会这样的过渡性体制。

④处理管理幅度与管理层级间的矛盾。各级新区充分发挥功能区管委会这类过渡性体制的积极作用，避免出现管理死角，顺应信息化社会的要求，现代行政管理结构日趋扁平化、网格化，以便精细、专业、高效地回应社会基层需求。浦东与滨海新区均需要在较大的空间范围内实施有效的行政治理。面临管理幅度与管理层级间的矛盾，是划小管理面积，以实现对区域内的精细化管理、快速反应，还是扩大管理范围以实现相关、相邻、相近区域的整体规划、联动发展，避免资源分散；是通过增减管理层级来扩大或缩小管理幅度，还是另辟蹊径，调整改造整个组织结构的纵向维度，这些都需要积极探索。浦东在多年的调整中，在行政管理末端，撤并街镇、联村并居，扩大管理区域；在区级层面，则是不断划小管理范围，先是在整个区域建立城、郊两个派出机构，分别委托和授权，再进一步由城郊两个区域划成六个以产业功能为特色的区域。滨海新区 2009 年成为一个统一的行政区之后，也采用了类似做法，组建了城区管理机构和经济功能区管理机构两类区委、区政府的派出机构。行政体制改革的总体方向是归并机构。

⑤妥善处理政府与社会的关系。各级新区管委会按职能模块设置大系统综合管理机构，同时积极培育中介组织，探索形成“小

政府、大社会”的理想管理格局。行政管理体制改革的重要内容之一是政府职能转变，政府职能涉及政府与市场、政府与社会、政府与公民之间的关系。浦东新区在开发开放过程中，致力于转变政府职能，积极培育各类中介组织，逐步形成了“小政府、大社会”的格局。“小政府”体制必须以“大社会”组织作为依托，即将一部分原由政府承担的社会职责交由社会组织承担。“大社会”的形成是一个漫长过程，需要在构建“小政府”的同时，开放空间，积极扶持中介组织发展。浦东新区为政府职能转变“找替身”，先后建立了投资服务中心以及法律、会计、审计、计量、统计等社会中介组织。北京城市副中心建设同样面临经济社会综合发展问题，必须妥善处理政府与社会的关系，既需要搭建科学合理的政府管理架构，又需要积极培育各类中介组织以承担社会管理和公共服务职能，从而真正实现强化行政职能，弱化经济职能和社会职能的目标，探索建立“小政府、大社会”理想管理格局的路径。

#### 4. 深圳市、郑州市行政管理机构“大部制”的经验

（1）深圳市推行行政管理机构“大部制”的经验

深圳特区建立以来，深圳先后进行了 8 次大的行政管理体制改革，大体可分为三个阶段：

1980—1992 年：与特区的初创、大规模建设和调整、巩固阶段相适应，深圳市行政管理体制改革逐渐由单项突破转向系统配套改革综合推进，此间先后在 1981、1984、1986 和 1988 年进行了 4 次机构改革，改革后分别设置 18 个、22 个、39 个和 41 个政府机构。改革的重点是：以政企分开为改革突破口，大力转变政府经济管理职能，不断理顺市区事权，逐步完善政府组织架构。一是推进政企分开，政府逐渐取消物资分配权、应由市场主

体行使的定价权，并将国有企业所有权和经营权予以分离；二是率先打破按行业、产品门类设置专业经济管理机构的模式，将建筑、物资、粮食、外贸、商业、供销等10多个专业经济管理部门转为行业性集团公司或其他经济实体；三是合理划分市、区政府在规划、土地、社会管理和城市管理等方面的职能，并在土地使用、建设设计与施工、出口物资配额等领域引入市场机制；四是精简政府行政管理层级，市政府管理层次由三级(政府—委办—局）转为两级（政府—委办局）。

1992—2004年：改革迈向建立和完善社会主义市场经济体制阶段。在中央确立了建设社会主义市场经济体制和依法治国的基本方略后，改革的核心目标转变为如何进一步转变政府职能、构建与社会主义市场经济体制相适应的行政管理体制。与此相适应，深圳在1992、2001和2004年进行了3次机构改革，改革后分别设置37个、38个、36个政府机构。改革的重点是：弱化政府行政管制，加强宏观调节。一是按照政资分开的要求，积极探索国有资产管理体制改革，取消企业对行政机关的隶属关系，率先形成市政府国有资产管理机构—市级资产经营公司—生产经营企业三个层次的国有资产管理体制；二是通过两轮行政审批制度改革，弱化不必要的行政管制，大幅减少审批项目，提高审批效率；三是按照“有形之手”（政府）与“无形之手”（市场）分开的要求，大力推进政府与市场“脱钩”；四是优化调整政府组织结构体系，初步建立大系统、大行业、综合性的政府行政管理架构。

2004年至今：改革进入科学发展和贯彻落实“四个全面”阶段。这一时期，中央先后明确提出树立科学发展观、构建和谐社会和全面建成小康社会、全面深化改革、全面依法治国、全面从严治党的新要求，形成规范有序、公开透明、便民高效的政府管理方式和建立服务政府、责任政府、法治政府和廉洁政府成为新一轮行政管理体制改革的总体目标。深圳市在 2006 年在全国率先推行事业单位分类改革，并在 2009 年进行了最新一次的政府机构改革，改革后设置 31 个政府工作部门，取得了显著成效。中央政治局委员、国务院副总理马凯同志评价为“大部门体制走在了全国前列，符合党的十八大精神，代表了政府机构改革的方向，在全国有较广泛的积极影响”。

**大部制改革的重点：**

转变政府职能：切实加快推进政府职能实现“三个转变”（向提供优质公共服务、维护社会公平正义、创造良好发展环境转变），建立起更加符合市场经济发展要求、有利于全民创业和万众创新、能够充分调动全社会创造性和积极性的政府管理体制。积极向市场简政放权，大力推进政事、政企、政社分开，凡是公民个人、社会组织、法人机构能够自主解决、市场机制能够自行调节、行业组织能够自律协商的事项，政府都要主动放权和放手。

大幅精简政府审批事项：政府转型是此次机构改革的核心内容。政府职能有减有增是政府转型的外在特征之一，即不需要政府干预的事情要“减”出去，过去管理上的缺位环节或新形势下赋予的新要求、新责任要“加”进来。在增减相抵的情况下，2009 年的深圳市大部门体制改革共取消、调整、转移了职责和行政审批事项 284 项。其中，行政审批事项 194 项，精简幅度近三分之一。同时，对有法律法规为依据，且必须保留的审批事项，也进一步简化审批环节，优化业务流程，提高审批效率。

进一步强化民生服务：针对社会阶层的利益群体逐步多元化的趋势。深圳市的机构改革坚持以人为本，突出服务民生质量和转型升级，积极推动以往政府从侧重经济社会发展向更加关注民生质量的真转实变，从管理为主向管理和服务并重转变，以更好地解决过去高速发展中存在的问题和瓶颈。此外，按照中央要求，全面加强政府的社会管理和公共服务职能，将现有资源（人员编制、税收财政等）向社会管理和公共服务较为薄弱的机构和领域充实，在“退”上迈出了一大步，在“进”上也迈出了一大步。通过大部门体制改革进一步强化了深圳市各级各部门的服务意识，使之努力提供数量更多、品质更好、标准更高的公共产品和服务，不断满足群众的新要求和新期盼。

**大部制改革的主要内容：**

加强产业服务与管理方面：加强市发改部门的宏观统筹功能，将物价部门的定价职责、统计部门的统计数据分析及信息发布等职责划入新成立的发展和改革委；加强产业的统一管理，整合原贸工、科技、高新办、保税区管理局、信息办等部门，组建了市科技工贸和信息化委员会等。

在加强城市管理和建设方面：解决原特区内外交通运输管理“二元化”、市政道路与公路分治等问题，加快形成全市统一的综合交通运输体系，按照“大交通”思路组建了市交通运输委员会；为实现城市总体规划和土地利用规划的有机衔接，整合规划和国土部门，新组建了市规划和国土资源管理委员会等。

在加强市场监管方面：加强对生产领域、市场流通、消费环节的统一监管力量，强化食品安全执法监督和知识产权保护，整合工商、质监、知识产权等部门，组建了市市场监督管理局，突出特点是实现食品安全监管工作由以往的 5 个部门（市食品药品局、工商局、质监局、卫生局、农业局）负责减为 3 个部门（市市场监管局、卫生局、农业局）负责；知识产权保护工作由以往的 2 个部门（市知识产权局、工商局）负责统一为 1 个部门（市市场监管局）负责。

在加强社会管理方面和公共服务方面：提高政府处理突发应

急事件的能力和水平，探索构建政府“大应急”管理体系，整合原安监、应急指挥、民防等部门，组建了市应急管理办公室，统筹协调和指挥全市应急工作；新时期文化产业与文化事业联系紧密，体育、文化与旅游逐步趋向融合，为促进文化、体育、旅游业的协调发展，发挥综合优势，整合文化、体育、旅游资源，组建了市文体旅游局，增强文化软实力；加强人力资源的统一管理，整合劳动、人事、社保、深圳国际仲裁院等部门，组建了市人力资源和社会保障局。

深化社区“大部制”体制方面：罗湖区2015年7月在南湖街道开展社区改革试点，再到2016年3月全面推行“大部制”，罗湖区的街道管理体制改革经历了“三级跳”。改革后的街道机构将从过去的“22+2+7”架构演化为“5+2+2”的架构这项改革的落脚点就是通过机构编制结构性调整，着力构建分工合理、权责清晰、人力资源优化、运转高效协调的街道工作新体制，提高基层管理和治理水平。罗湖各街道“大部制”，综合设置5个部、2个办（队）、2家事业单位，形成“五部两办（队）两中心”的新型管理体制。一是撤销原街道党工委（行政）办（纪检监察室）、计划生育科、社会事务管理科（台湾事务办）、组织宣传科、安全生产监督科（经济发展科）、城市管理科、司法所（法制室、信访办）、维稳综治办（人口综合管理办、禁毒工作办、物业监管办公室）的科室设置，全面清理原有牌子，设置综合部、党群工作部、平安建设部、民生事务部、发展更新部。二是进一步完善基层执法体制，树立“大综合”执法观念，强化公共安全和城市管理、查违等执法职能，保障街道的监管和执法力量，综合设置2个执法机构。原街道安全生产监督管理科更名为公共安全办公室，承担街道辖区公共安全、安全生产监督管理与行政执法职能。原街道执法队（街道规划土地监察队）更名为城区治理办公室，承担城市管理执法、土地查违执法等综合执法职责；承担“大城管”工作和城区综合治理职能，包括市容环境卫生管理及监督、爱国卫生、环保、水务、三防、地质灾害防治、边坡治理等。三是以加强公共服务能力建设为核心，整合街道原有7家事业单位，优化设置2家事业单位。

深圳市实行大部制改革的主要特点：

一是涉及面广。除了民政等7个部门暂不作调整，将市政府其他组成部门全部纳入调整范围，共减少机构15个（全市共减少下设、内设及派出机构151个）。对暂不做调整的部门，在这次改革中也按照转变政府职能的新要求，重新编制了“三定”方案。二是重点明确。此次改革并非对政府机构进行简单的拆分和合并，而是大力推进政府职能转变，既从宏观上重点厘清了政府、市场的边界，又从微观上改革了行政审批制度，不断提升公共服务质量。三是突出创新。这次改革本着“积极探路、勇于创新、先行先试”原则，努力构建探索符合现代化、国际化、先进城市特征的现代政府管理架构。这一系列重点领域和关键环节的改革创新，使深圳市的服务型政府建设迈出新步伐、行政管理体制建设再上新台阶、在科学发展中实现新跨越、在质量提升中增创新优势，质量型增长特征更加鲜明、创新驱动发展动力更加强劲、产业转型升级步入正轨、绿色低碳日益成为城市新特质、现代化国际化城市功能进一步增强、保障和改善民生力度加大、政府自身建设不断加强，顺利完成了深圳市四届、五届人大会议确定的主要目标任务。

（2）郑州市推行行政管理机构“大部制”的经验

自1983年以来，郑州市先后进行了六次政府机构改革。这六次行政体制改革为郑州注入了活力，促使其实现了从全能政府到有限政府、从管理政府到服务政府的一系列转变。

前五次机构改革为1983—2009年间。从当初简单的精简机构、减少人员，逐步发展成为深层次的转变职能和改革管理体制。实现从全能政府到有限政府、从管理政府到服务政府、从权力政府到责任政府的三大转变。然而，郑州的行政管理体制仍然存在诸多矛盾和问题，比如政企不分、政事不分、政出多门、办事推诿、职能交叉重叠等问题，行政资源过于分散。据机构编制部门调查，在郑州市政府41个工作部门中，存在职能交叉现象的有18个部门，其中一个部门与其他部门职责交叉的事项多达4项，尤其是在文化市场执法、弱势群体救助、食品安全监管等方面，存在着职责划分不清或交叉重叠问题，甚至一些部门内设机构与事业单位之间也存在职责交叉。

第六次机构改革开始于2009年。2009年12月30日，郑州市召开政府机构改革动员会，正式公布了《郑州市人民政府机构改革实施意见》（以下简称《实施意见》）。按照文件规定，郑州市政府设置工作部门41个，其中8个部门为新组建部门，6个部门进行了更名。这次改革也是郑州市第六次机构改革。此轮改革进一步推动了政府职能转变，打造"服务型政府"。在第六次机构改革之前，市政府组成部门有30个，直属机构有11个，议事协调机构有3个。机构改革之后，设置工作部门41个，设置部门管理机构两个。改革的核心是政府职能转变，涉及面十分广泛，涉及机构整合、组建和职责调整的有26个部门，机构设置规范和优化共有18项变动，整合事业单位职能的变动有11项。本次行政体制改革有三大原则：一是机构设置上下基本对应；二是积极探索大部门制改革；三是坚持统筹城乡发展。一件事原则上由一个部门负责为切实解决机构重叠、职责交叉等问题，郑州市将按照积极稳妥、先行试点、逐步推进的办法，选择新组建的单位进行大处室制试点。

经过这六次行政管理体制改革，郑州市政府取得了显著的成效。具体可借鉴的经验和启示如下：

第一，实行大处室制，大幅精简机构，同时运用“三定”原则理清权责。处室分得越多，看起来分工分得更细，但其实行政审批麻烦越多，行政推诿的事情也越多。大处室制单位，整合职责相近的业务处室，合并设置综合处室，每个处室编制不得少于6名。同时，非试点单位的内设机构原则上不得增加，最多不超过相对应的省政府厅委的内设机构数额。“三定”（定主要职责、定内设机构、定人员编制）是郑州市此次改革的重要内容和关键环节。《实施意见》所确定的市政府工作部门都要重新制定“三定”规定。《实施意见》规定，坚持一件事情原则上由一个部门负责，确需多个部门管理的事情，要明确牵头部门，分清主办和协办关系。

第二，鼓励购买公益性社会组织提供的服务。《实施意见》规定，部门在确定职责时，要按照政企分开、政资分开、政事分开、政府与市场中介组织分开的要求，将一些辅助性、技术性、服务性事务交给事业单位和市场中介组织。要把不该由政府管理，应当转给事业单位和社会组织的事项坚决转移出去。例如郑州的联防大队，政府应当扶持一些公益性社会组织，向他们购买公共服务，这是国际上的普遍做法，也是实现政府职能转变的一个方向。

第三，在行政编制总数和机构总数方面确保两个“不突破”。凡超编的党政机关人员一律只出不进，对党政机关总体超编的县（市、区），上收一级进入审批权限。同时，凡职能变动涉及机构和人员调整的，编制随职能走，人随编制走，职责整体划转的，编制和人员整体划转，新组建单位人员不足的，除特殊需要外，一般应优先从撤销合并单位选调。

# 第三章 北京城市副中心公共服务绩效综合评价

## 一、北京各区公共服务绩效评价指标体系

北京各区公共服务绩效评价指标体系包含基础教育、社会保障、医疗卫生、文化体育、环境保护和公共安全六个维度的评价体系，每个维度内分别包含 4—8 个评价指标。如表 3.1 所示：

**表 3.1 北京市各区公共服务绩效评价指标体系**

| 目标层 | 准则层 | 指标层 |
|---|---|---|
| | 基础教育 X1 | 普通小学每百在校生拥有专任教师数（人）X11 |
| | | 普通中学每百在校生拥有专任教师数（人）X12 |
| | | 每万人在园儿童数（人）X13 |
| | | 每百在园儿童拥有专任教师数（人）X14 |
| | 社会保障 X2 | 每万人拥有收养性单位床位数（张）X21 |
| | | 每万人拥有社区服务机构数（个）X22 |
| | | 参加基本养老保险比例 X23 |
| | | 参加基本医疗保险比例 X24 |
| | | 参加失业保险比例 X25 |
| | | 每万人城乡居民最低生活保障人数 X26 |

续表

| 目标层 | 准则层 | 指标层 |
|---|---|---|
| 北京市政务服务体系建设综合评价指标体系 X | | 每万人抚恤补助优抚对象人数 X27 |
| | | 每万人社会救助人数 X28 |
| | 医疗卫生 X3 | 人均诊疗人次（人次）X31 |
| | | 人均健康检查人次（人次）X32 |
| | | 每千人拥有执业医师数（人）X33 |
| | | 每千人拥有注册护士数（人）X34 |
| | | 每千人拥有医院床位数（张）X35 |
| | | 每千人社区卫生服务机构专业技术人员（人）X36 |
| | | 人均社区卫生服务机构诊疗人次（人次）X37 |
| | 文化体育 X4 | 人均公共图书馆总藏数（册、件）X41 |
| | | 公共图书馆总流通人数（万人次）X42 |
| | | 每万人拥有体育场馆个数（个）X43 |
| | | 人均博物馆参观人次（人次）X44 |
| | 环境保护 X5 | 二氧化硫年均浓度值（微克 / 立方米）X51 |
| | | 二氧化氮年均浓度值（微克 / 立方米）X52 |
| | | PM10 年均浓度值（微克 / 立方米）X53 |
| | | PM2.5 年均浓度值（微克 / 立方米）X54 |
| | | PM2.5 下降率（%）X55 |
| | | 万元地区生产总值电耗（千瓦时）X56 |
| | | 万元地区生产总值能耗下降率（%）X57 |
| | 公共安全 X6 | 每万人刑事案件破案数（起）X61 |
| | | 每万人火灾事故死亡人数（人）X62 |
| | | 每万人火灾事故直接经济损失（元）X63 |
| | | 每万人交通事故死亡人数（人）X64 |
| | | 每万人交通事故直接经济损失（元）X65 |
| | | 每万人生产安全事故死亡人数（人）X66 |

## 二、公共服务绩效综合评价的数据来源与处理

北京市各区公共服务绩效综合评价的主要依据是北京市统计局于 2016 年最新公布的各区进度统计数据，这些数据衡量的是北京市各区 2015 年的公共服务水平。由于原始的统计数据存在着类型和量纲的差异，因此，在使用这些原始数据前，还需要对其进行标准化或者无量纲化处理。按照通常的处理方式，仍然按照正常指标与逆向指标两种不同的方式处理原始数据。

1. 基础教育服务指标原始数据及处理

2015 年，北京市各区的基础教育服务水平如表 3.2 所示，具体指标排名可参考如图 3.1 所示的无量纲化处理的结果。从普通小学每百在校生拥有专任教师数看，各区水平同去年基本持平，通州区、顺义区和昌平区略优于去年。除生态涵养区因地区定位因素排名靠前外，东城区和西城区优势明显，海淀区在“数量上”仍然处于最后。普通中学每百在校生拥有专任教师数整体水平提升明显。其中，朝阳以接近 20 的水平排在第一。其后仍是昌平区、怀柔区和平谷区等。海淀区虽有所改善，但在“数量上”仍处于最后。每万人在园儿童数提升明显，房山区、怀柔区和密云区仍然排在全市最前。昌平区和西城区的幼儿园资源明显不足，处于全市最后。每百在园儿童拥有专任教师数变化不大，西城区上升为两位数，同东城区排在全市前两位，朝阳区和昌平区以接近两位数的水平紧随其后，大兴区和顺义区的幼儿园专任教师数明显较低。

**表 3.2　2015 年北京市各区基础教育服务各指标的原始水平**

| 区＼指标 | 普通小学每百在校生拥有专任教师数 X11 | 普通中学每百在校生拥有专任教师数 X12 | 每万人在园儿童数 X13 | 每百在园儿童拥有专任教师数 X14 |
|---|---|---|---|---|
| 东城区 | 7.15 | 12.47 | 159.82 | 10.18 |
| 西城区 | 6.77 | 13.61 | 131.95 | 10.60 |
| 朝阳区 | 5.11 | 19.77 | 168.19 | 9.85 |
| 丰台区 | 6.10 | 14.63 | 179.54 | 8.44 |
| 石景山区 | 5.69 | 15.57 | 227.81 | 8.11 |
| 海淀区 | 4.69 | 10.70 | 163.62 | 8.14 |
| 房山区 | 6.14 | 12.79 | 289.48 | 9.07 |
| 通州区 | 5.84 | 13.82 | 209.12 | 8.74 |
| 顺义区 | 6.11 | 13.32 | 223.03 | 6.42 |
| 昌平区 | 5.85 | 17.10 | 131.71 | 9.72 |
| 大兴区 | 5.93 | 15.48 | 181.63 | 6.15 |
| 门头沟区 | 7.50 | 13.11 | 192.95 | 8.88 |
| 怀柔区 | 6.36 | 15.64 | 247.99 | 7.99 |

续表

| 指标<br>区 | 普通小学每百在校生拥有专任教师数 X11 | 普通中学每百在校生拥有专任教师数 X12 | 每万人在园儿童数 X13 | 每百在园儿童拥有专任教师数 X14 |
|---|---|---|---|---|
| 平谷区 | 8.53 | 15.45 | 215.08 | 7.24 |
| 密云区 | 6.88 | 12.10 | 236.24 | 8.80 |
| 延庆区 | 8.80 | 15.09 | 224.30 | 8.89 |

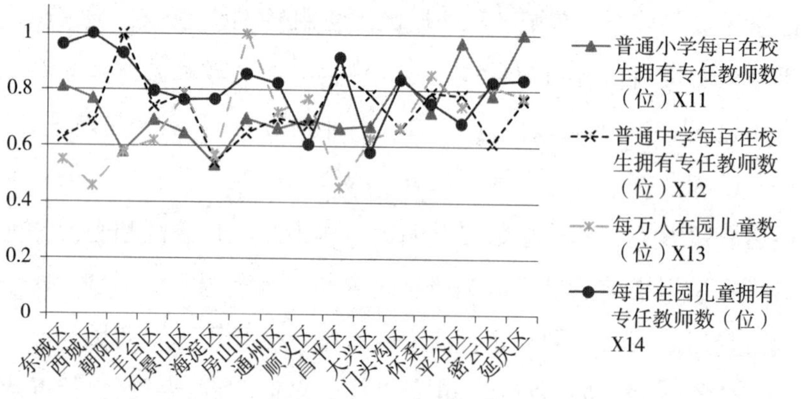


**图 3.1 2015 年北京市各区基础教育服务各指标的无量纲化水平**

2. 社会保障服务指标原始数据及处理

2015 年，北京市各区的社会保障服务水平如表 3.3 所示，具体指标排名可参考如图 3.2 所示的无量纲化处理的结果。每万人拥有收养性单位床位数与去年变化不大，生态涵养发展区因其功能定位优势明显，延庆区接近 200 张，平谷区超过 100 张，怀柔区和密云区都接近 100 张。每万人拥有社区服务机构数提升显著，怀柔区和门头沟区从 2014 年的不足 10 个分别提升到 2015 年的 20 个和接近 20 个，东城区和西城区虽然绝对数不高，但也比 2014 年增加了 1 倍多，其他各区也都有不同程度的提高。全市各区的三种保险参加比例同 2014 年相比变化不大，因工作地与居住地的分离等原因，导致了东城区与西城区的参加比例超过了 100%，而部分城市发展新区与生态涵养区不足 40%。各区的每万人城乡居民最低生活保障人数差异显著，生态涵养发展区和城市功能核心区普遍高于 100 甚至 200，城市功能拓展区和城市发展新区普遍低于 50，城市功能拓展区只有石景山区高于 100。各区的每万人抚恤补助优抚对象人数与每万人社会救助人数同样差异显著，但与每万人城乡居民最低生活保障人数的整体分布不同，二者都是城市发展新区和生态涵养发展区相对高于城市功能核心区和城市功能拓展区。

**表 3.3　2015 年北京市各区社会保障服务各指标的原始水平**

| 指标<br>区 | 每万人拥有收养性单位床位数（张）X21 | 每万人拥有社区服务机构数 X22 | 参加基本养老保险比例 X23 | 参加基本医疗保险比例 X24 | 参加失业保险比例 X25 | 每万人城乡居民最低生活保障人数 X26 | 每万人抚恤补助优抚对象人数 X27 | 每万人社会救助人数 X28 |
|---|---|---|---|---|---|---|---|---|
| 东城区 | 10.27 | 5.07 | 1.52 | 1.77 | 1.19 | 143.59 | 10.18 | 143.59 |
| 西城区 | 15.20 | 5.53 | 1.48 | 1.64 | 1.11 | 143.01 | 11.49 | 143.01 |
| 朝阳区 | 32.41 | 2.75 | 0.76 | 0.80 | 0.59 | 33.50 | 8.62 | 33.56 |
| 丰台区 | 23.62 | 2.91 | 0.38 | 0.42 | 0.26 | 42.63 | 11.39 | 42.75 |
| 石景山区 | 47.59 | 5.52 | 0.64 | 0.68 | 0.40 | 123.74 | 10.71 | 123.74 |
| 海淀区 | 25.03 | 2.69 | 0.67 | 0.76 | 0.57 | 14.96 | 10.89 | 15.11 |
| 房山区 | 64.45 | 9.73 | 0.34 | 0.36 | 0.25 | 81.85 | 46.28 | 87.42 |
| 通州区 | 32.79 | 4.85 | 0.33 | 0.35 | 0.24 | 49.99 | 29.08 | 51.34 |
| 顺义区 | 30.67 | 10.93 | 0.56 | 0.55 | 0.44 | 43.66 | 46.28 | 45.42 |
| 昌平区 | 70.80 | 3.06 | 0.22 | 0.24 | 0.17 | 14.08 | 13.83 | 14.62 |
| 大兴区 | 37.73 | 4.32 | 0.32 | 0.32 | 0.24 | 19.65 | 21.63 | 20.79 |
| 门头沟区 | 63.44 | 18.34 | 0.69 | 0.69 | 0.47 | 260.49 | 23.34 | 270.97 |
| 怀柔区 | 83.33 | 22.08 | 0.53 | 0.54 | 0.44 | 123.49 | 63.75 | 151.80 |

续表

| 区 \ 指标 | 每万人拥有收养性单位床位数（张）X21 | 每万人拥有社区服务机构数 X22 | 参加基本养老保险比例 X23 | 参加基本医疗保险比例 X24 | 参加失业保险比例 X25 | 每万人城乡居民最低生活保障人数 X26 | 每万人抚恤补助优抚对象人数 X27 | 每万人社会救助人数 X28 |
|---|---|---|---|---|---|---|---|---|
| 平谷区 | 116.90 | 8.65 | 0.45 | 0.48 | 0.34 | 194.63 | 66.31 | 200.83 |
| 密云区 | 96.14 | 14.11 | 0.39 | 0.43 | 0.30 | 255.66 | 66.24 | 269.90 |
| 延庆区 | 184.87 | 15.70 | 0.28 | 0.35 | 0.21 | 151.21 | 76.27 | 175.29 |

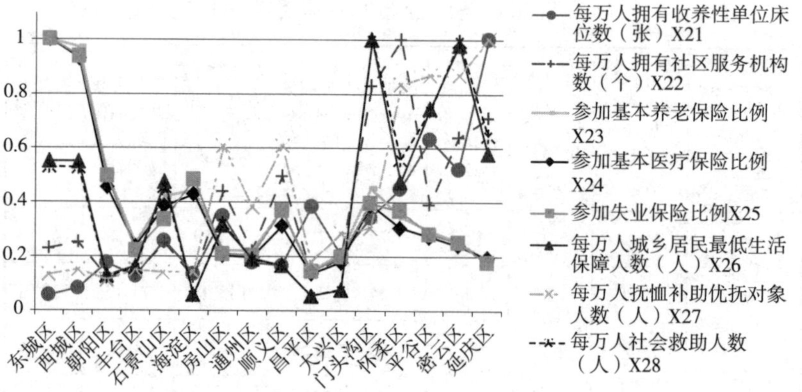


**图 3.2　2015 年北京市各区社会保障服务各指标的无量纲化水平**

3. 医疗卫生服务指标原始数据及处理

2015 年，北京市各区的医疗卫生服务水平如表 3.4 所示，具体指标排名可参考如图 3.3 所示的无量纲化处理的结果。从每万人诊疗人次数看，大部分区都有所提升，但东城区和西城区仍然是全市医疗卫生服务的高地，承担着全市各区甚至全国的医疗卫生服务，其人均诊疗人次超过 2 次，是其他各区的 3 倍多，甚至 7 倍多。从每万人健康检查人数看，东城区与西城区的优势仍然明显，通州区、昌平区和大兴区是低于 0.1 的三个区，全市最少。从医疗卫生资源看，各区的千人拥有执业医师、千人拥有注册护士和千人拥有医院床位数都有不同程度的提高，但东城区和西城区仍然掌握着大量的医疗卫生资源，以两位数或接近两位数的绝对优势排在全市前两名，这也是其诊疗人次与健康检查人次显著高于其他各区的主要原因。从社区医疗卫生资源看，生态涵养发展区具有一定优势，城市发展新区排在最后。整体而言，从图 3.3 的无量纲化结果可以比较明显地看到，医疗卫生服务表现出两头较高中间相对较低的分布。也就是说，在医疗卫生服务上，城市功能核心区与生态涵养区较好，城市功能拓展区与城市发展新区相对较差。

**表 3.4　2015 年北京市各区医疗卫生服务各指标的原始水平**

| 指标<br>区 | 人均人诊疗人次数（千人）X31 | 人均健康检查人数（千人）X32 | 每千人拥有执业医师数 X33 | 每千人拥有注册护士数 X34 | 每千人拥有医院床位数 X35 | 每千人社区卫生服务机构专业技术人员 X36 | 人均社区卫生服务机构诊疗人次 X37 |
|---|---|---|---|---|---|---|---|
| 东城区 | 22.96 | 0.39 | 10.82 | 11.38 | 12.03 | 1.28 | 2.53 |
| 西城区 | 21.71 | 0.27 | 9.24 | 11.82 | 11.98 | 1.35 | 2.45 |
| 朝阳区 | 6.82 | 0.17 | 4.51 | 4.80 | 4.90 | 1.12 | 2.44 |
| 丰台区 | 4.43 | 0.11 | 2.80 | 3.30 | 4.06 | 1.02 | 2.53 |
| 石景山区 | 6.31 | 0.26 | 4.37 | 5.14 | 7.02 | 1.31 | 3.10 |
| 海淀区 | 4.99 | 0.15 | 2.91 | 3.43 | 2.83 | 0.93 | 2.30 |
| 房山区 | 6.36 | 0.12 | 3.36 | 3.60 | 5.36 | 1.29 | 1.92 |
| 通州区 | 3.44 | 0.08 | 2.44 | 2.45 | 1.94 | 1.28 | 1.65 |
| 顺义区 | 4.30 | 0.18 | 3.13 | 2.75 | 2.52 | 1.48 | 2.09 |
| 昌平区 | 3.03 | 0.09 | 2.45 | 3.02 | 5.00 | 0.73 | 1.24 |
| 大兴区 | 3.35 | 0.08 | 2.57 | 2.76 | 3.87 | 1.51 | 1.97 |
| 门头沟区 | 6.68 | 0.26 | 3.80 | 4.68 | 7.83 | 1.80 | 1.66 |
| 怀柔区 | 5.31 | 0.24 | 3.61 | 2.94 | 3.79 | 1.78 | 2.28 |
| 平谷区 | 5.57 | 0.13 | 3.62 | 3.50 | 4.02 | 2.15 | 2.86 |
| 密云区 | 4.97 | 0.16 | 3.30 | 2.51 | 2.76 | 1.94 | 3.83 |
| 延庆区 | 3.97 | 0.22 | 3.00 | 2.81 | 2.41 | 2.21 | 3.31 |

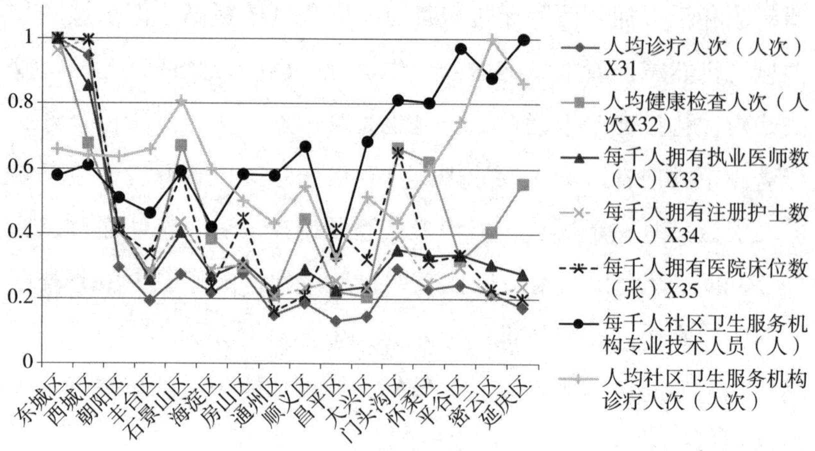


**图 3.3　2015 年北京市各区医疗卫生服务各指标的无量纲化水平**

4. 文化体育服务指标原始数据及处理

2015 年，北京市各区的文化体育服务水平如表 3.5 所示，具体指标排名可参考如图 3.4 所示的无量纲化处理的结果。从人均公共图书馆总藏量看，海淀区仍排在第一，城市发展新区整体较差，明显不如其他各区，生态涵养发展区虽然普遍较高，但这主要是因为其常住人口较少。从公共图书馆总流通人数看，朝阳区 2015 年达到 590 万人次，比海淀区的 410 万人次高了 43.9%，门头沟区虽然人均藏书量不低，但流通人数只有 1 万人次，处于全市最后。远郊各区因地多人少，其万人拥有体育场馆具有明显优势，大部分区都达到了两位数。昌平区的博物馆参观人次比 2014 年又有显著提高，以 620 万人次的绝对优势位于全市第一，排在第二和第三的东城区和西城区还不到其三分之一和四分之一。

**表 3.5　2015 年北京市各区文化体育服务各指标的原始水平**

| 指标<br>区 | 人均公共图书馆总藏数（册、件）X41 | 公共图书馆总流通人数（万人次）X42 | 每万人拥有体育场馆个数（个）X43 | 博物馆参观人次（千人次）X44 |
|---|---|---|---|---|
| 东城区 | 1.5359 | 76 | 7.7127 | 1902 |
| 西城区 | 1.4099 | 158 | 8.1510 | 1527 |
| 朝阳区 | 2.5917 | 590 | 6.5740 | 106 |
| 丰台区 | 0.4131 | 41 | 5.4862 | 51 |
| 石景山区 | 1.6564 | 57 | 3.2669 | 27 |
| 海淀区 | 9.7834 | 410 | 6.4943 | 652 |
| 房山区 | 1.0612 | 26 | 14.7706 | 306 |
| 通州区 | 0.4427 | 73 | 6.8940 | 10 |
| 顺义区 | 0.8627 | 35 | 22.4020 | 400 |
| 昌平区 | 0.3311 | 41 | 10.9170 | 6200 |
| 大兴区 | 0.6082 | 46 | 9.2766 | 0 |
| 门头沟区 | 2.8247 | 1 | 15.0649 | 45 |
| 怀柔区 | 1.7708 | 48 | 19.7135 | 4 |
| 平谷区 | 2.0095 | 21 | 18.7707 | 10 |
| 密云区 | 1.4405 | 12 | 16.0752 | 11 |
| 延庆区 | 1.5605 | 17 | 21.4968 | 751 |

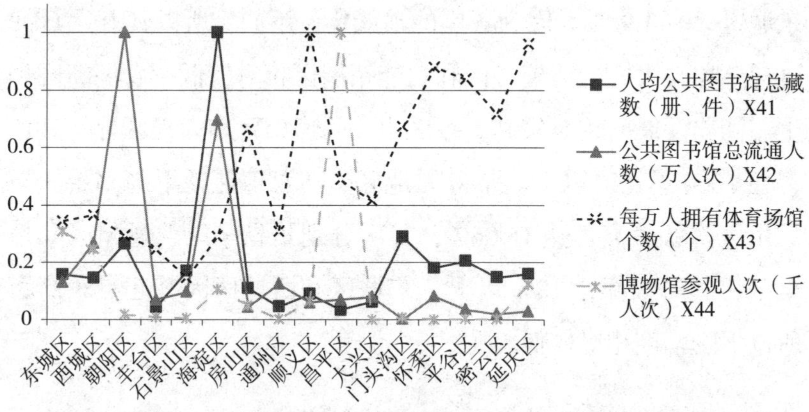


**图 3.4　2015 年北京市各区文化体育服务各指标的无量纲化水平**

5. 环境保护服务指标的原始数据及处理

2015 年，北京市各区的环境保护服务水平如表 3.6 所示，具体指标排名可考虑如图 3.5 所示的无量纲化处理的结果。因为存在历史及功能定位差异等因素，所以仅关注当前实际水平有可能低估各区在环境保护上的各项工作。为了体现各区在环境保护服务上的努力程度，2015 年的评价指标增加了 PM2.5 下降率和万元地区生产总值能耗下降率两个反映改善情况的指标。从二氧化硫年均浓度看，各区降幅明显，全市平均值从 2014 年的 21.52 降低到 2015 年的 13.81，降幅达 35.83%，只剩通州区高于 20 微克 / 立方米。各区二氧化氮年均浓度值也有不同程度的下降，整体上从 2014 年的 52.89 下降到今年的 46.49，降幅为 12.10%。各区 PM10 年均浓度值有所下降，但下降幅度不大，全市平均值从 2014 年的 115.78 下降到 2015 年的 102.39，降幅为 11.57%。从 PM2.5 年均浓度值看，各区都下降到 100 微克 / 立方米以下，但距离年均浓度 35 微克 / 立方米的国家标准还有很大差距。从 PM2.5 下降率看，延庆区降幅最高，达到 18.67%，其次分别是是通州区、海淀区和昌平区，降幅都在 10% 以上，降幅最低的东城区只有 1.98%。因为各区的功能定位不同，所以其万元 GDP 电耗差异较大，功能核心区和功能拓展区相对较低，发展新区和生态涵养发展区相对较高。各区中，除房山区和大兴区外，其他都在 1000 千瓦时以下。从万元地区生产总值能耗下降率看，石景山区降幅最高，达 16.06%，其次分别是昌平区、通州区和怀柔区，其降幅都在 10% 以上，东城区和西城区因其起点较高，所以下降幅度相对较低。

**表 3.6　2015 年北京市各区环境保护服务各指标的原始水平**

| 指标<br>区 | 二氧化硫年均浓度值（微克/立方米）X51 | 二氧化氮年均浓度值（微克/立方米）X52 | PM10 年均浓度值（微克/立方米）X53 | PM2.5 年均浓度值（微克/立方米）X54 | PM2.5 下降率(％) X55 | 万元 GDP 电耗（千瓦时）X56 | 万元地区生产总值能耗下降率（％）X57 |
|---|---|---|---|---|---|---|---|
| 东城区 | 13.8 | 51.2 | 103.4 | 84.3 | 1.98 | 227.11 | 2.82 |
| 西城区 | 14.5 | 54 | 105.8 | 83 | 5.68 | 168.50 | 3.91 |
| 朝阳区 | 15.5 | 59.4 | 106.4 | 83.4 | 5.23 | 345.15 | 6.45 |
| 丰台区 | 14.3 | 51.5 | 115.6 | 86.7 | 8.74 | 636.50 | 3.43 |
| 石景山区 | 13.5 | 50.3 | 113 | 83.5 | 6.18 | 389.49 | 16.06 |
| 海淀区 | 15.2 | 56.1 | 102.9 | 80 | 11.11 | 273.28 | 5.08 |
| 房山区 | 15.6 | 56 | 112.2 | 96.2 | 4.75 | 1015.60 | 7.08 |
| 通州区 | 20.1 | 55.7 | 122.4 | 92.5 | 12.74 | 872.60 | 10.67 |
| 顺义区 | 11 | 43.3 | 93.9 | 81.4 | 3.10 | 416.50 | 3.67 |
| 昌平区 | 12.1 | 42.7 | 93.3 | 70.6 | 10.63 | 895.34 | 10.68 |
| 大兴区 | 18.3 | 55.1 | 119.2 | 96.4 | 7.31 | 1006.58 | 6.36 |
| 门头沟区 | 11 | 41.2 | 97.3 | 77 | 8.33 | 645.98 | 6.18 |
| 怀柔区 | 9.2 | 29.1 | 84.6 | 70.1 | 7.76 | 711.06 | 10.51 |
| 平谷区 | 13.3 | 33.2 | 100.3 | 78.8 | 5.06 | 673.33 | 5.78 |
| 密云区 | 11.9 | 34.3 | 87.6 | 67.8 | 7.12 | 678.15 | 6.9 |
| 延庆区 | 11.7 | 30.8 | 80.3 | 61 | 18.67 | 730.50 | 2.01 |

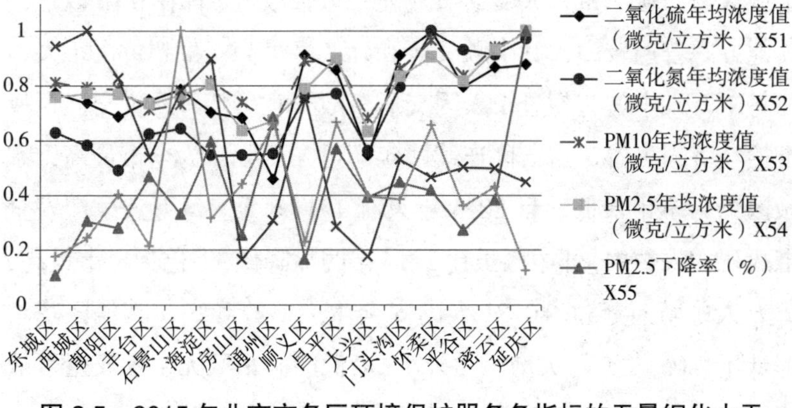


**图 3.5　2015 年北京市各区环境保护服务各指标的无量纲化水平**

### 6. 公共安全服务指标的原始数据及处理

2015 年，北京市各区的环境保护服务水平如表 3.7 所示，具体指标排名可考虑如图 3.6 所示的无量纲化处理的结果。除每万人刑事案件破案数外，公共安全维度的各项指标都是逆向指标，即数值越低得分越高。每万人刑事案件破案数比较特殊，若假设各区万人刑事案件犯罪率大体相当，那么，较高的破案数说明破案率较高，即整体上更为安全。相反，如果假设各区破案率大体相当，那么，较高的破案数则说明万人刑事案件数较高，即整体上更不安全。考虑到，各区万人破案数集中在 50 上下，我们倾向于采纳前一假设，认为每万人刑事案件破案数为正常指标，即数值越高表示更安全。从每万人刑事案件破案数看，各区与 2014 年相比变化不大，东城区、西城区和房山区略有提高，其他各区略有下降，最低的密云区不到 27 起，最高的西城区超过 75 起。从每万人火灾事故死亡人数看，门头沟区、怀柔区、密云区和延庆区都无火灾造成的人员死亡，且怀柔区已三年无火灾造成的人员死亡，石景山区最高。从每万人火灾直接经济损失看，除通州区和门头沟区外，其他各区的经济损失都在万元以上，平谷区 2015 年又是最高，超过了 11 万元。因特殊的路网结构，东城区与西城区每万人交通事故死亡人数较低，都在 0.15 以下，其他各区普遍较高，其中顺义区和延庆区最高，都超过了 1 人，即每 1 万人中就有超过 1 人因交通事故死亡。从每万人交通事故直接经济损失看，密云区连续两年超过 4 万元，为全市最高，东城区仍为全市最低，且 2015 年只有 1911.6 元。每万人生产安全事故死亡人数中，怀柔区虽比 2014 年明显降低，但仍为全市最高，每万人中就有超过 0.0781 人因安全生产事故死亡，其他区基本都低于 0.05 人（门头沟区除外），最低的昌平区无生产安全事故死亡。

**表 3.7　2015 年北京市各区公共安全服务各指标的原始水平**

| 区 \ 指标 | 每万人刑事案件破案数（起）X61 | 每万人火灾事故死亡人数（人）X62 | 每万人火灾事故直接经济损失（元）X63 | 每万人交通事故死亡人数（人）X64 | 每万人交通事故直接经济损失（元）X65 | 每万人生产安全事故死亡人数（人）X66 |
|---|---|---|---|---|---|---|
| 东城区 | 49.8674 | 0.0442 | 32378.24 | 0.1326 | 1911.60 | 0.0110 |
| 西城区 | 75.7858 | 0.0077 | 38424.16 | 0.1002 | 4892.14 | 0.0231 |
| 朝阳区 | 65.2415 | 0.0202 | 18481.19 | 0.3641 | 4208.34 | 0.0253 |
| 丰台区 | 55.2367 | 0.0129 | 25609.09 | 0.2711 | 6313.68 | 0.0086 |
| 石景山区 | 36.3957 | 0.0767 | 17172.70 | 0.1687 | 5952.45 | 0.0460 |
| 海淀区 | 62.2171 | 0.0135 | 42754.54 | 0.2112 | 7905.52 | 0.0244 |
| 房山区 | 45.6310 | 0.0191 | 16636.34 | 0.9369 | 7875.72 | 0.0287 |
| 通州区 | 39.9347 | 0.0218 | 9993.55 | 0.6894 | 20679.97 | 0.0218 |
| 顺义区 | 56.1961 | 0.0490 | 48328.49 | 1.0686 | 25616.67 | 0.0098 |
| 昌平区 | 27.2491 | 0.0408 | 12605.94 | 0.5349 | 8176.77 | 0.0000 |
| 大兴区 | 36.4341 | 0.0192 | 19938.26 | 0.3201 | 12921.90 | 0.0128 |
| 门头沟区 | 47.2403 | 0.0000 | 7688.54 | 0.4221 | 14295.45 | 0.0649 |
| 怀柔区 | 39.1927 | 0.0000 | 54116.98 | 0.7292 | 10377.60 | 0.0781 |
| 平谷区 | 41.2766 | 0.0236 | 113714.14 | 0.5910 | 9113.48 | 0.0236 |
| 密云区 | 26.5136 | 0.0000 | 26934.47 | 0.8142 | 40323.59 | 0.0209 |
| 延庆区 | 30.5732 | 0.0000 | 19809.43 | 1.0191 | 7614.65 | 0.0318 |

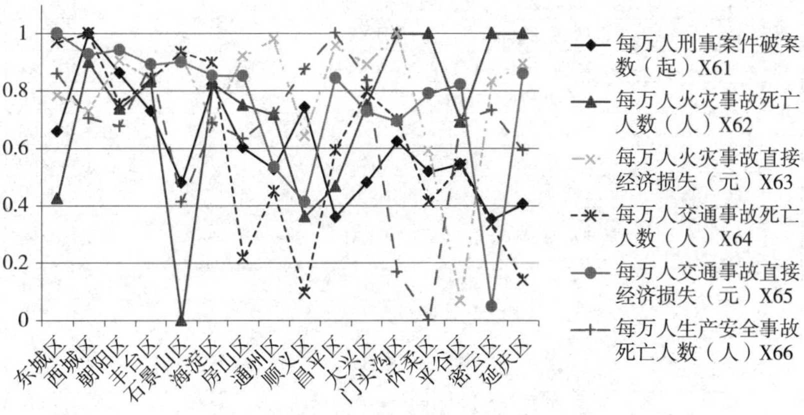


**图 3.6　2015 年北京市各区公共安全服务各指标的无量纲化水平**

## 三、公共服务绩效综合评价指标的权重

与2014年相比，2015年的指标体系变化不大，只是在环境保护准则层中增加了两个体现努力程度的指标，因此，除环境保护维度外，其他各维度中的指标权重及各准则层的权重都不用再做调整。在层次分析法的基础上，通过汇总20多位专家对环境保护各项指标的打分与讨论结果，重新调整了环境保护维度的指标权重。由于调整的两个指标比较重要，因此，环境保护各指标的权重变化较大。虽然四项主要污染物年均浓度值的权重有所降低，但PM2.5下降率的权重仅次于PM2.5年均浓度值，所以PM2.5的总权重实际上是更高了。调整后的指标权重如表3.8所示。

**表3.8 北京市各区公共服务绩效综合评价指标的权重**

| 目标层 | 准则层 | 指标层 | 权重 |
|---|---|---|---|
| 北京市区域共服务绩效评价指标 | 基础教育X1（0.2573） | 普通小学每百在校生拥有专任教师数（人）X11 | 0.3937 |
| | | 普通中学每百在校生拥有专任教师数（人）X12 | 0.3937 |
| | | 每万人在园儿童数（人）X13 | 0.0752 |
| | | 每百在园儿童拥有专任教师数（人）X14 | 0.1374 |
| | 社会保障X2（0.1819） | 每万人拥有收养性单位床位数（张）X21 | 0.1163 |
| | | 每万人拥有社区服务机构数（个）X22 | 0.0927 |
| | | 参加基本养老保险比例X23 | 0.2767 |
| | | 参加基本医疗保险比例X24 | 0.2767 |
| | | 参加失业保险比例X25 | 0.1536 |
| | | 每万人城乡居民最低生活保障人数X26 | 0.0280 |
| | | 每万人抚恤补助优抚对象人数X27 | 0.0280 |
| | | 每万人社会救助人数X28 | 0.0280 |
| | 医疗卫生X3（0.1621） | 人均诊疗人次（人次）X31 | 0.0498 |
| | | 人均健康检查人次（人次）X32 | 0.0311 |
| | | 每千人拥有执业医师数（人）X33 | 0.2540 |
| | | 每千人拥有注册护士数（人）X34 | 0.1172 |
| | | 每千人拥有医院床位数（张）X35 | 0.1725 |
| | | 每千人社区卫生服务机构专业技术人员（人）X36 | 0.2692 |

续表

| 目标层 | 准则层 | 指标层 | 权重 |
| --- | --- | --- | --- |
| 北京市区域共服务绩效评价指标 | | 人均社区卫生服务机构诊疗人次（人次）X37 | 0.1061 |
| | 文化体育 X4（0.0694） | 人均公共图书馆总藏数（册、件）X41 | 0.4204 |
| | | 公共图书馆总流通人数（万人次）X42 | 0.4204 |
| | | 每万人拥有体育场馆个数（个）X43 | 0.1156 |
| | | 人均博物馆参观人次（人次）X44 | 0.0437 |
| | 环境保护 X5（0.2292） | 二氧化硫年均浓度值（微克 / 立方米）X51 | 0.0768 |
| | | 二氧化氮年均浓度值（微克 / 立方米）X52 | 0.0768 |
| | | PM10 年均浓度值（微克 / 立方米）X53 | 0.1838 |
| | | PM2.5 年均浓度值（微克 / 立方米）X54 | 0.3349 |
| | | PM2.5 下降率（%）X55 | 0.2433 |
| | | 万元地区生产总值电耗（千瓦时）X56 | 0.0421 |
| | | 万元地区生产总值能耗下降率（%）X57 | 0.0424 |
| | 公共安全 X6（0.1001） | 每万人刑事案件破案数（起）X61 | 0.0349 |
| | | 每万人火灾事故死亡人数（人）X62 | 0.2507 |
| | | 每万人火灾事故直接经济损失（元）X63 | 0.1193 |
| | | 每万人交通事故死亡人数（人）X64 | 0.2344 |
| | | 每万人交通事故直接经济损失（元）X65 | 0.1149 |
| | | 每万人生产安全事故死亡人数（人）X66 | 0.2459 |

## 四、公共服务绩效综合得分与评价

根据专家打分调整的权重以及标准化后的无量纲化数据，通过算术加权平均的方式计算北京市各区公共服务的综合评分值，计算结果如表 3.9 所示。基础教育、社会保障、医疗卫生、文化体育、环境保护和公共安全六个准则层的得分及排名情况，以及综合评价的得分与排名情况如图 3.7 到图 3.13 所示。

表 3.9　2015 年北京市各区公共服务绩效综合评价

| 指标<br>区 | 基础教育 X1 | 社会保障 X2 | 医疗卫生 X3 | 文化体育 X4 | 环境保护 X5 | 公共安全 X6 | 综合评价值 | 综合排名 |
| --- | --- | --- | --- | --- | --- | --- | --- | --- |
| 东 城 区 | 0.7417 | 0.7688 | 0.8459 | 0.1734 | 0.5834 | 0.7759 | 0.6912 | 2 |
| 西 城 区 | 0.7457 | 0.7376 | 0.8064 | 0.2260 | 0.6316 | 0.8614 | 0.7034 | 1 |

续表

| 区 \ 指标 | 基础教育X1 | 社会保障X2 | 医疗卫生X3 | 文化体育X4 | 环境保护X5 | 公共安全X6 | 综合评价值 | 综合排名 |
|---|---|---|---|---|---|---|---|---|
| 朝阳区 | 0.7939 | 0.3826 | 0.4562 | 0.5664 | 0.6119 | 0.7738 | 0.6048 | 5 |
| 丰台区 | 0.7202 | 0.2083 | 0.3691 | 0.0756 | 0.6271 | 0.8525 | 0.5174 | 12 |
| 石景山区 | 0.7290 | 0.3576 | 0.5336 | 0.1288 | 0.6570 | 0.5499 | 0.5537 | 10 |
| 海淀区 | 0.5710 | 0.3497 | 0.3422 | 0.7507 | 0.7104 | 0.7947 | 0.5605 | 9 |
| 房山区 | 0.7224 | 0.2655 | 0.4244 | 0.1425 | 0.5305 | 0.6235 | 0.4969 | 14 |
| 通州区 | 0.7042 | 0.2086 | 0.3248 | 0.1067 | 0.6306 | 0.6587 | 0.4897 | 15 |
| 顺义区 | 0.6800 | 0.3371 | 0.3975 | 0.1804 | 0.6376 | 0.4774 | 0.5072 | 13 |
| 昌平区 | 0.7625 | 0.1662 | 0.2963 | 0.1435 | 0.7695 | 0.7261 | 0.5335 | 11 |
| 大兴区 | 0.7003 | 0.1918 | 0.3957 | 0.1068 | 0.5419 | 0.7864 | 0.4896 | 16 |
| 门头沟区 | 0.7620 | 0.4748 | 0.5478 | 0.2001 | 0.7159 | 0.6767 | 0.6169 | 4 |
| 怀柔区 | 0.7640 | 0.4345 | 0.4786 | 0.2121 | 0.7827 | 0.5265 | 0.6000 | 6 |
| 平谷区 | 0.8391 | 0.3764 | 0.5398 | 0.1982 | 0.6618 | 0.5931 | 0.5967 | 7 |
| 密云区 | 0.7243 | 0.3754 | 0.5082 | 0.1535 | 0.7527 | 0.6254 | 0.5828 | 8 |
| 延庆区 | 0.8675 | 0.3775 | 0.5194 | 0.1954 | 0.9279 | 0.6485 | 0.6672 | 3 |

北京市各区基础教育服务水平的综合得分及排名如图 3.7 所示。从得分情况可以看到，北京市各区在基础教育维度的得分差异不大，各功能区之间也无太大差异。从排名情况看，延庆区的得分虽然较 2014 年有所下降，但仍以微弱的优势排在第一。朝阳区与 2014 年一样，继续保持第三的位置。因为质量因素很难定量测量，所以该评价更多的是关注数量差异。因此，海淀区依然成为生均教师等教育资源较低的区。不可否认，海淀区的教育资源质量较高，但优质的教育资源也吸引了更多的学生，从而导致生均资源相对较少，导致在本评价中排在最后。同时也应看到，虽然该评价指标不能反映质量水平，但数量角度的评价结果至少说明这些区的教育资源存在着不同程度的拥挤性。

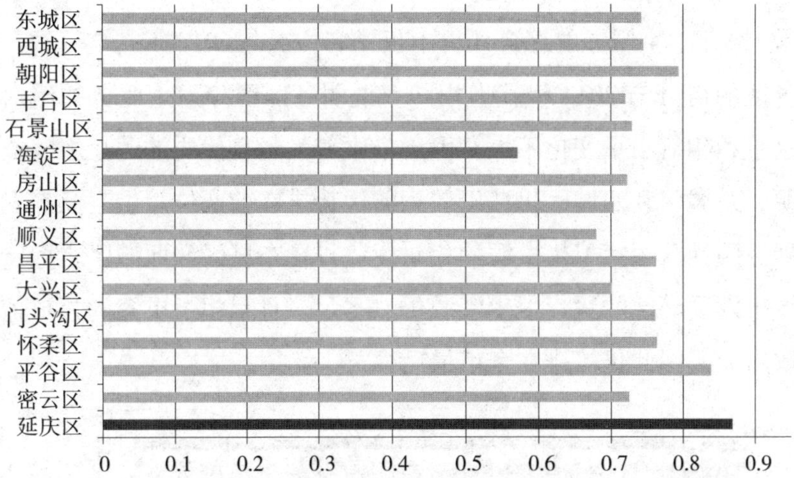


**图 3.7　2015 年北京市各区基础教育服务水平的综合评价**

北京市各区社会保障服务水平的综合得分及排名如图 3.8 所示。同 2014 年相比，社会保障服务综合评价的排名情况变化不大。由于工作地与居住地分离等因素，东城区与西城区仍以十分明显的优势高于其他各区，分别位于全市前两名。除东城区和西城区以外，其他各区的差异相对较小。整体上，城市发展新区不及生态涵养发展区及城市功能拓展区，其中昌平仍然排在最后。

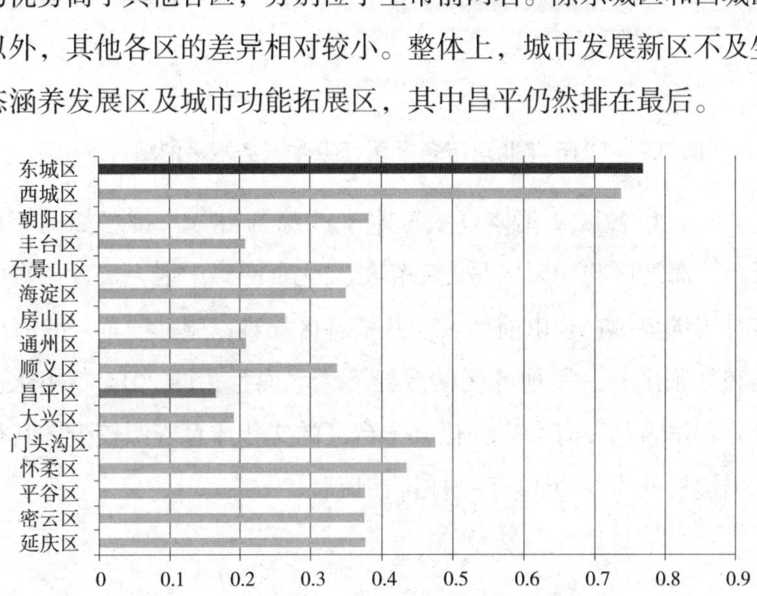


**图 3.8　2015 年北京市各区社会保障服务水平的综合评价**

北京市各区医疗卫生服务水平的综合得分及排名如图 3.9 所示。医疗卫生服务的综合评价不仅排名情况与2014年完全一致，各区的得分与 2014 年基本相同，说明各区医疗卫生服务的绝对水平和相对水平变化不大。由于集中着大量且优质的医疗卫生资源，东城区和西城区仍然以较大的优势排在前两位。生态涵养发展区因社区医疗卫生资源的相对优势排在东城区和西城区之后。城市发展新区的医疗卫生资源仍然不足，且承担了更多的人口疏解压力，因此仍然排在全市最后。

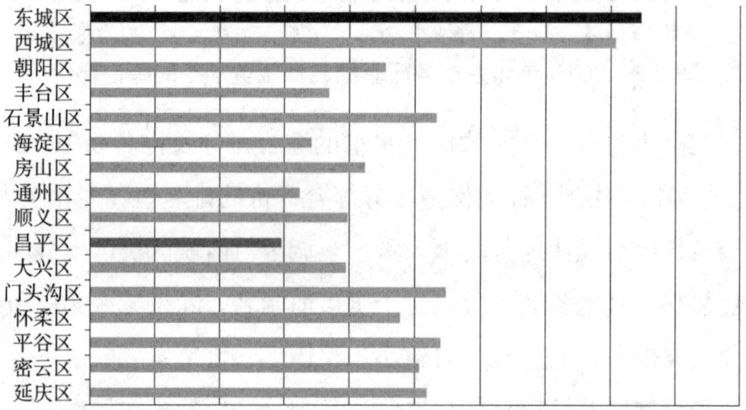


**图 3.9　2015 年北京市各区医疗卫生服务水平的综合评价**

北京市各区文化体育服务水平的综合得分及排名如图 3.10 所示。海淀区与朝阳区是北京市的文化资源集中地，二者一直以绝对的优势排在全市前两名，其他各区均难以望其项背。除海淀区和朝阳区外，其他各区的差异不大。而且，同 2014 年相比，得分和排名都没有太大变化。丰台区的文化体育资源较少，其得分仍然最低，与 2014 年一样排在最后。

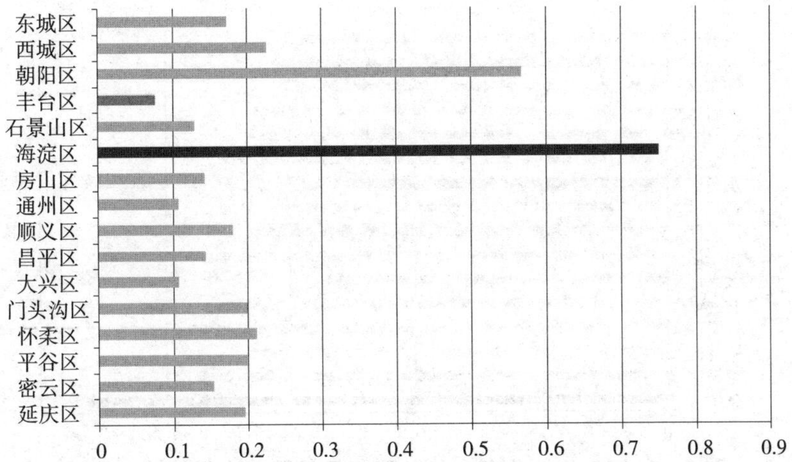


**图 3.10　2015 年北京市各区文化体育服务水平的综合评价**

北京市各区环境保护服务水平的综合得分及排名如图 3.11 所示。近几年，北京市在环境保护，尤其是大气治理方面做了很多工作。虽然距离国家标准还有很大，但经过几年的治理，北京市 1 月到 10 月的空气质量已经有了比较明显的改善，这应该是每个人都能有所体会的。2015 年，二氧化硫的年均浓度再次大幅度下降，全市水平从 21.52 微克 / 立方米进一步下降到 13.81 微克 / 立方米，降幅达到 35.83%。PM2.5 年均浓度也有一定程度的改善，全市平均水平从 87.56 微克 / 立方米下降到 80.79 微克 / 立方米，降低了 7.73%。在引入两个体现在环境保护服务努力程度的两个指标后，各区在环境保护服务维度的得分和排名都有较大变化。一是虽然得分最高的还是延庆区，但其相对于其他各区的优势进一步扩大。二是通州区从 2014 年的最后一名上升到第 11 位，PM2.5 年均浓度值下降率为其排名上升提供了很大帮助。三是虽然城市发展新区的整体排名仍然最后，但明显的“两头高，中间低”的排列情况已经不太明显。这都说明，虽然城市发展新区的空气质量仍然较差，但其改善程度相对较高。

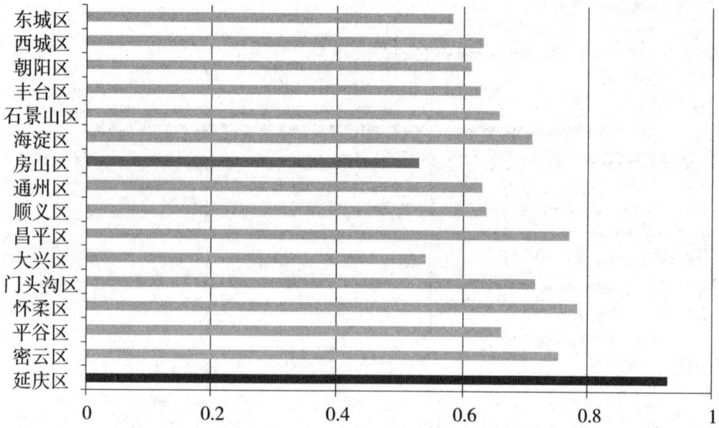


**图 3.11　2015 年北京市各区环境保护服务水平的综合评价**

北京市各区公共安全服务水平的综合得分及排名如图 3.12 所示。从得分与排名情况可以看到，整体上，除生态涵养发展区略低外，其他各区的公共安全服务评价得分与其功能定位并无显著关联，同一功能区内的差异也比较明显。城市功能核心区中得分最高的西城区排在全市第一位，城市功能拓展区中得分最高的丰台区排在全市第二位，城市发展新区中得分最高的大兴区排在第三位，生态涵养发展区中得分最高的门头沟区排在第八位。生态涵养发展区主要是火灾情况影响了整体得分，城市功能拓展区和城市发展新区主要是交通事故影响了整体得分。

图 3.13 显示了北京市各区公共服务的综合得分及排名。排在前六名的区分别是西城区（0.7034）、东城区（0.6912）、延庆区（0.6672）、门头沟区（0.6169）、朝阳区（0.6048）和怀柔区（0.6000）。综合得分前六名的区中，前两名仍然是城市功能核心区，只是排名调换了一下。城市功能拓展区有一个，态涵养发展区有三个，朝阳区比去年提升一位。排在中间五位的分别是平谷区（0.5967）、密云区（0.5828）、海淀区（0.5605）、石景山区（0.5537）和昌平区（0.5335）。排在最后五位的是丰

台区（0.5175）、顺义区（0.5072）、房山区（0.4969）、通州区（0.4897）和大兴区（0.4896）。虽然2015年的评价体系在环境保护维度中加入了两个反映努力程度的指标，但并没有从整体上改变近“U”形的排列情况。虽然通州区的环境保护排名明显提高，但综合评价排名仅仅提高了1位。

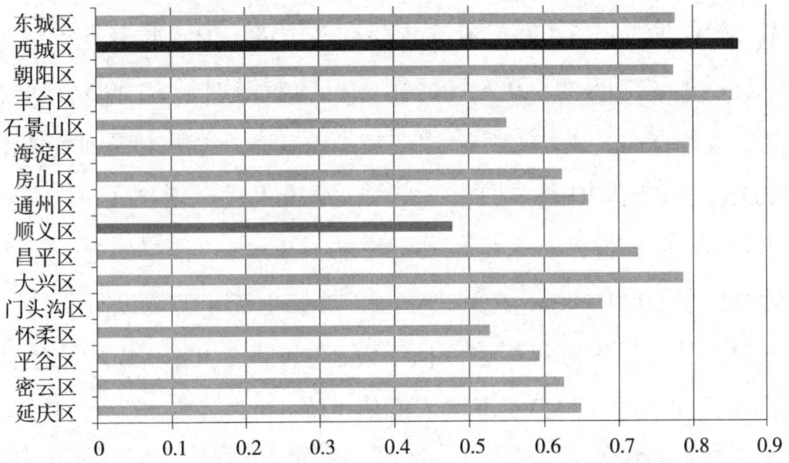


图3.12　2015年北京市各区公共安全服务水平的综合评价

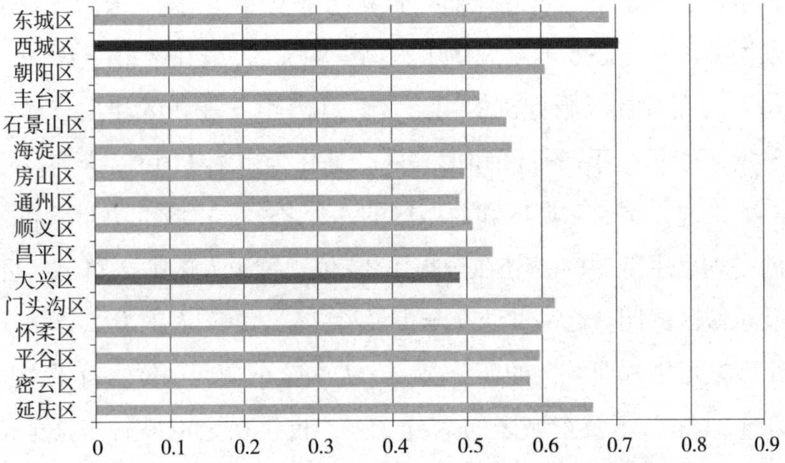


图3.13　2015年北京市各区公共服务绩效的综合评价

## 五、北京城市副中心公共服务建设仍需努力

2015 年，在加快北京城市副中心建设的推动下，通州区的公共服务建设确实付出了很多努力。在大部分主要的公共服务资源供给上，通州区都有一定程度的提升。基础教育服务方面，中学师生比增加了 9.34%，万人在园儿童增加了 11.40%，幼儿园师生比增加了 3.35%。社会保障服务方面，万人收养性单位床位数增加了 7.08%，万人社区服务机构数增加了 10.29%。医疗卫生服务方面，人均诊疗人次增加了 5.70%，每千人医师增加了 9.05%，每千人护士增加了 7.45%，每千人病床增加了 9.43%。文化体育服务方面，人均藏书量增加了 9.14%，图书馆总流通人数增加了 10.61%。环境保护方面，二氧化硫年均浓度值下降了 30.21%，二氧化氮年均浓度值下降了 7.93%，PM10 年均浓度值下降了 10.66%，PM2.5 年均浓度值下降了 12.74%，万元 GDP 电耗下降了 4.25%。

尽管如此，通州区很多公共服务资源在绝对量上目前仍然处在全市较低水平。每万人拥有收养性单位床位 32.79 张，在城市发展新区和生态涵养发展区中只高于顺义区，处在全市第 10 位。每万人拥有社区服务机构 4.85 个，在城市发展新区和生态涵养发展区中只高于昌平区和大兴区，处在全市第 11 位。人均诊疗 3.44 人次，不及东城区和西城区的六分之一，比城市功能拓展区的平均水平低 39%，处在全市第 14 位。每千人医师 2.44 人，不及东城区的四分之一，处在全市最后一位。每千人护士 2.45 人，不及东城区和西城区的四分之一，处在全市最后一位。每千人病床 1.94 张，不及东城区的六分之一，也排在全市最后，是全市唯一低于 2 张的区。二氧化硫年均浓度 20.1 微克 / 立方米，是全市唯一高于 20 微克 / 立方米的区。二氧化氮年均浓度 55.7 微

克 / 立方米，仅低于朝阳区、海淀区和房山区。PM10 年均浓度 122.4 微克 / 立方米，是全市唯一高于 120 微克 / 立方米的区。PM2.5 年均浓度 92.5 微克 / 立方米，仅低于房山区和大兴区。万元 GDP 电耗 872.60 千瓦时，是城市功能拓展区平均水平的 2 倍多，处于全市第 13 位。

由此可见，虽然 2015 年通州区的公共服务资源已经取得了一定程度的进步，但从存量水平看，其在全市仍属于较低水平，距离北京城市副中心的定位还有很大差距。通州区不仅与功能核心和功能拓展区存在较大差距，在某些方面还不及生态涵养发展区，甚至在城市发展新区中也排名靠后。未来，在疏解北京“非首都功能”和人口疏解等方面，通州还将承担更多责任，其在公共服务资源供给方面的努力还需要长期保持及不断加强。

# 第四章　北京城市副中心行政管理体制建设的基础

## 一、北京城市副中心建设的背景和理念

党中央和国务院对北京城市副中心建设提出了坚持世界眼光、国际标准、中国特色、高点定位的要求，北京市根据国家的战略部署做出了具体规划和建设标准，这些都是城市副中心建设及行政管理体制改革的重要背景和现实要求。

### 1. 副中心面积与人口分布规划

规划与建设中的北京城市副中心占地面积 155 平方公里（规划 130 万人左右）与美国华盛顿特区（178 平方公里、人口 55 万）以及北京三环内（159 平方公里、人口 400 万）的面积大体相当；位于北京市通州区潞城镇域内，西临朝阳区、大兴区，北与顺义区接壤，东隔潮白河与河北省三河市、大厂回族自治县、香河县相连，南和天津市武清区、河北省廊坊市交界（见图 4.1）。西距北京中央商务区（CBD）13 公里，北距首都机场 16 公里，东距塘沽港 100 公里；土地类型属于永定河、潮白河洪冲积平原，

地势平坦，平均海拔高度20米。区内分布3条河流，主要有北运河、潮白河。气候属温带大陆性半湿润季风气候区。

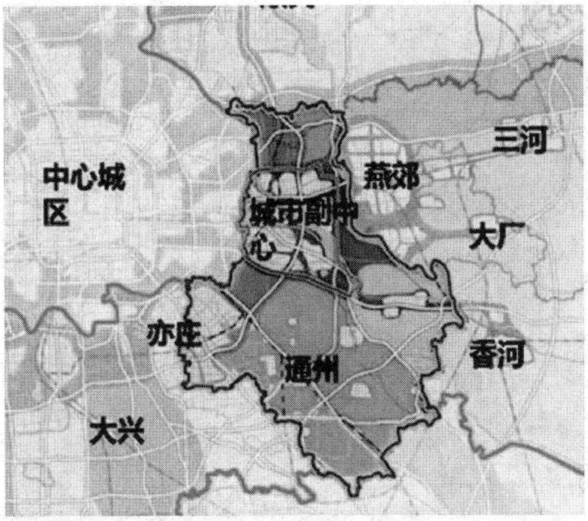


图 4.1　北京城市副中心位置示意图

2015年，通州区的户籍人口和外来人口总和已达到137.8万人。根据北京市规划委通报有关北京行政副中心建设的相关情况：到2017年，市属行政事业单位整体或部分迁入工作将取得实质性进展，远期带动约40万人疏解至通州。届时，流入人口上势必会呈现逐年上升的态势，采取“总量控制，结构优化，以业控人”的思路调控人口流入势在必行。[①]

2. 副中心与北三县的关系定位

所谓“北三县”是北京东侧的廊坊市下辖的三河市、大厂回族自治县、香河县，面积有1277平方公里，人口有88.3万，这三个县市行政上隶属于河北省廊坊市，却被京津包得严严实实，成为河北的“飞地”。北三县地处京津腹地，地势开阔，自然资源丰富，交通区位优势明显，是京津走廊上一颗新兴的明珠，发展潜力巨大（见图4.2）。特殊的地理位置让这里成为河北的经

① 新华网：通州“十三五”常住人口上限160万以业控人力度加 http://news.xinhuanet.com/city/201511/27/.

济特区，北京最近的“后花园”。处理好和通州区、北三县之间的关系是城市副中心建设的重要基础和必然要求。

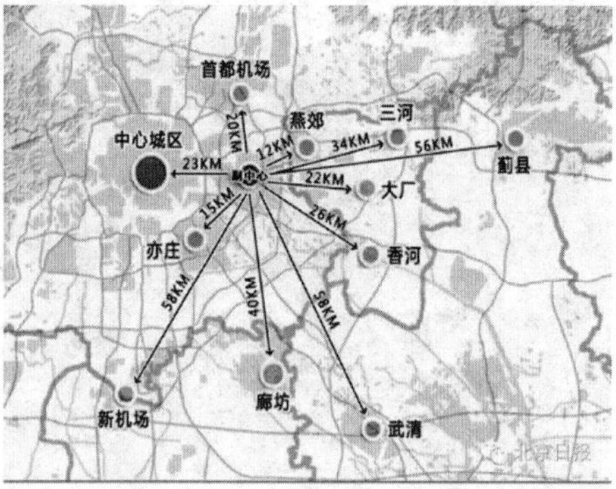


图 4.2　通州区与北三县的地理位置示意图

①北三县是环首都经济圈发展的重要组成部分

在环首都经济圈的众多县市区中，北三县无疑是经济实力、资源禀赋、自然条件、交通区位优势最为突出的地区之一（见表 4.1）。环首都经济圈建设以来，北三县以其丰富独特的资源、廉价的劳动力和低成本的进入优势正逐渐取代京津城市经济，成为大北京地区经济合作的基础，为地区经济更加繁荣、产业布局更加合理贡献着不可取代的力量。环首都地区在未来几年的发展过程中北三县必将成为一个新的经济增长极，推动区域经济的发展。此外，北三县的发展还必将促使城乡统筹协调发展、繁荣农村经济、转移农村剩余劳动力、增加农民收入、加速农村的城镇化速度、推进城乡一体化的进程、为环首都经济圈宏伟战略目标的实现贡献力量。

表 4.1　2016 年通州区与北三县 GDP、人口、面积情况

| | GDP/ 亿元 | 人口 / 万人 | 面积 / 平方公里 |
|---|---|---|---|
| 通州区 | 548.9 | 135.6 | 906 |
| 大厂县 | 71 | 12.68 | 176 |

续表

| | GDP/ 亿元 | 人口 / 万人 | 面积 / 平方公里 |
|---|---|---|---|
| 香河县 | 144.1 | 34.9 | 458 |
| 三河市 | 482.07 | 61.9 | 634 |

数据来源：根据《通州区统计年鉴》《廊坊市统计年鉴2016》统计得出

②北三县是破解环首都地区二元经济结构的突破口

当前，环首都经济圈内发展不均衡的城乡结构明显，二元经济结构阻碍了区域经济的进一步发展。北三县是整个环首都贫困带中经济基础和实力比较好的地区之一，现代工业发展比较先进。北三县地区在破解二元经济结构过程中以特色为依托，全力推进县域产业结构的优化升级。围绕特色产业调整经济结构、培养龙头企业、延伸产业链条、发展配套辅助产业，因地制宜建立高效互补的产业结构，并加速产业集聚、发展带状经济、加快区域协调发展。

③北三县是建设大北京都市连绵区的主力

当前区域经济发展面临两大重要问题即培育壮大区域经济增长极和促进城乡之间、区域之间的协调发展。环首都经济圈建设的第二个问题显得尤为突出，在环京津地区存在着一条贫困带，制约着地区经济的进一步发展。如何解决这条贫困带是发展大北京都市连绵区的重中之重。北三县正努力打造京东新城，迎接北京产业及人口转移，具体做法表现在建立合理的县城城镇体系，培养集群式经济，进行制度创新，正确定位政府职能等诸多方面。

④北三县是承载北京高技术产业转移的重要载体

高技术产业是指近年来迅速发展的微电子、电子计算机、光通信、新材料、生物工程、宇航等研究开发投入高，研究开发人员比重大的产业。高新技术是新产业形成的前提，而新产业的产生和主导产业的兴替、产业结构的转换决定了城市区域经济的自我增长和发展能力，构成了城市体系形成与发展的基础。[①]北三县毗邻北京，拥有发展新兴产业良好的技术基础。面对京津产业转移扩散的重大历史机遇，北三县应当充分抓住时机，大力发展新兴产业，改造传统产业，迎接北京产业转移与辐射，实现地区经济的发展。

3. 副中心建设的标准与理念

（1）副中心的城市建设理念

根据中共中央政治局研究部署规划建设北京城市副中心的有关工作的指示，城市副中心建设遵循的是绿色城市、森林城市、海绵城市、智慧城市以及低密度的宜居城市的建设理念。

①绿色城市建设理念。绿色城市源于生态哲学的理念，基于人类和自然协调发展的视角，是由人与生态系统、经济系统、社会系统、公共支撑系统共同构成的复合绿色系统，是一种城市和自然充分融合，兼具持续高效的经济发展模式、节能环保的资源利用方式、和谐宜居的社会发展环境和强而有力的公共支撑系统的良性城市运行机制，是一种旨在倡导以人为本，构建生态、宜居、健康、可持续发展的全新城市模式。[②]而绿色城市发展则是一个历史维度的动态过程，是绿色城市建设中生态、资源、经济、社会与管理各个子系统间交互作用与不断演进的过程。城市副中心建设将秉承绿色城市理念，以环境的高品质探索城市的可持续发展之路。

②海绵城市建设理念。海绵城市是指通过加强城市规划建设

① 张创新 . 行政管理学前沿专题研究 [M]. 吉林：吉林出版社，2004.

② 国务院办公厅 . 国务院办公厅关于推进海绵城市建设的指导意见（国办发 [2015]75 号）[Z].2015.

管理，充分发挥建筑、道路和绿地、水系等生态系统对雨水的吸纳、蓄渗和缓释作用，有效控制雨水径流，实现自然积存、自然渗透、自然净化的城市发展方式。城市像海绵一样，下雨时吸水、蓄水、渗水、净水，需要时将蓄存的水“释放”并加以利用，将自然途径与人工措施相结合，在确保城市排水防涝安全的前提下，最大限度地实现雨水在城市区域的积存、渗透和净化，促进雨水资源的利用和生态环境保护[①]。城市副中心提出海绵城市的建设定位主要是出于五个方面的考虑，一是城区的合理规划与布局，二是加大排水系统建设，三是提升副中心基底蓄水能力，四是健全城市排水管网管理体系，五是发挥副中心的示范区作用，开展发挥海绵城市示范区的带头作用，集中示范、分区试点推进海绵城市建设。

③智慧城市建设理念。智慧化是近年来城市发展的热点，“智慧城市”的理念在国际上亦获得了一致认可。[②]智慧城市就是运用信息和通信技术手段感测、分析、整合城市运行核心系统的各项关键信息，从而对包括民生、环保、公共安全、城市服务、工商业活动在内的各种需求做出智能响应。其实质是利用先进的信息技术，实现城市智慧式管理和运行，进而为城市中的人创造更美好的生活，促进城市的和谐、可持续成长。随着人类社会的不断发展，未来城市将承载越来越多的人口。目前，我国正处于城镇化加速发展的时期，部分地区“城市病”问题日益严峻。为解决城市发展难题，实现城市可持续发展，建设智慧城市已成为当今世界城市发展不可逆转的历史潮流。

科技部、国家标准化管理委员会确定为了国家“智慧城市”

---

① 董淑秋，韩志刚．基于“生态海绵城市”构建的雨水利用规划研究 [J]. 城市发展研究，2011(12):37—41.

② 巫细波，杨再高．智慧城市理念与未来城市发展 [J]. 城市发展研究，2010(11).

技术和标准试点城市。首批试点工作在全国共选择了20个城市，其中副省级城市9个。山东省共有两座城市入选，分别是济南和青岛，其余18座城市分别为南京、无锡、扬州、太原、阳泉、大连、哈尔滨、大庆、合肥、武汉、襄阳、深圳、惠州、成都、西安、延安、杨凌示范区和克拉玛依。智慧城市作为信息技术的深度拓展和集成应用，是新一代信息技术孕育突破的重要方向之一，是全球战略新兴产业发展的重要组成部分。开展"智慧城市"技术和标准试点，是科技部和国家标准委为促进我国智慧城市建设健康有序发展，推动我国自主创新成果在智慧城市中推广应用共同开展的一项示范性工作，旨在形成我国具有自主知识产权的智慧城市技术与标准体系和解决方案，为我国智慧城市建设提供科技支撑。

因此，智慧城市建设理念如何更好的贯彻到城市副中心建设中以及行政管理体制的改革中需要不断开拓创新，引入新兴的大数据技术，构建大数据中心服务于城市建设与管理的各个环节，提升城市发展的效率。

（2）副中心街区的建设目标

封闭社区是北京市现阶段居住小区的主要存在形式，通州区也不例外，随着时代的变迁，其自身的隔离性、私有性和异质性导致城市空间碎化、城市交通拥堵、街道生活消失、公共资源被掠夺，极大地抑制了北京城市街区的可持续发展。因此，未来北京城市副中心建设的街区建设目标是适合步行、空间开放、环境宜人的小尺度街坊，不建设封闭式居住社区。

①遵循尺度适宜的小街区模式。适宜的街区尺度一直是社区规划所倡导的，即强调一种高效的、集约化的土地利用方式。[①]

① 史璐. 智慧城市的原理及其在我国城市发展中的功能和意义 [J]. 中国科技论坛，2011(5).

街区的尺寸主要取决于城市道路间距，因此，调整城市规划与城市道路网规划是适宜尺度街区的前提。如在城市中心区街区长边小于160米，在交通相对独立的远郊区街区长边最大不要超过250米。所有对周边交通影响较小的边缘地块，可以适度放大尺度，但任何边长超过200米的街区中间都提供可供行人、自行车穿越的步行道。典型的小街区案例是西班牙巴塞罗那拓展区的建设，采用方格网交通模式，以113米见方带有切角的街坊作为城市基本单元，亦称“塞尔达”方块。[①]

②采用“大开放，小封闭”的社区结构。开放社区不只是打破社区围墙的表面概念，也不是毫无节制的完全开放，而是社区大环境市民共享、组团或院落相对封闭的“大开放、小封闭”的模式。“大开放”指社区打开内部结构，使社区的内部主要道路接驳城市道路系统，重建步行和自行车的交通微循环，分担城市的交通压力。此外，开放社区应合理设置和组织社区步行交通出入口，引入公共交通，让城市居民充分享受城市资源，使社区承担周边的一些城市功能。“小封闭”是考虑人们对私密性、归属感的需求，通过门禁设施限制外来车辆进入居住组团或院落，并加强组团内部的环境设计，增强居民的归属感，创造相对安静，安全的居住环境。

③营建充满活力的街道空间。开放社区倡导“窄马路、密路网”的内部道路形式，不是简单地减小社区道路宽度和增加路网密度，而是更要处理好“密路网”带来的硬化地面增加与社区整体居住环境的矛盾。“密路网”在减少交叉口信号相位切换和信号清空损失时间的同时，带来更大面积的硬质铺地。因此，我们应将“道路”的概念转化为“街道”，将其作为社区的半公共空

① 孙辰．开放社区的空间特质及规划引导——以3个上海社区为例[J].建筑学报.2015(6):41—46

间布设多样化的公共服务设施，将商业、观景、休闲交往等多项功能置于街道空间中，使其在承载交通功能的同时，成为居民日常生活起居的重要场所。倡导尺度适宜、充满活力的街道空间，并强化开放式公共绿地，将充满生机与活力的城市生活引入到社区中，增加社区的活力，打造具有丰富城市生活的街区空间。现代社区的建设理念，是在保持细密路网结构的前提下，根据城市交通与地区交通不同需求的特点，将部分小路改为步行街道，既降低了地面硬化率,也通过沿步行街道布置不同的公共服务设施,创造出更丰富的街道界面。

④强化城市设计，建设多层次的社区环境。以往的住宅项目设计是以建筑设计为主导的，关注点在于单体，整体规划往往以解决日照为单一目标。开放社区的街道是开放的、内部空间是共享的，难以形成闭合空间以进行特色设计，这样就更容易陷入街道空间层次单一的僵局。因此，我们在开放社区规划中应加强城市设计，通过考虑不同居住群体的多样性需求、不同色彩的植被、当地的历史文化特色等要素进行精细的空间设计，打造能随城市永续发展的，开放连续的公共空间景观网络，使社区的街道、景观资源与城市交通网络融合，参与城市公共空间的整体构建，塑造更加丰富的生活场所。

⑤提高物业管理水平。以往的社区建设中，开发商通过减少出入口数量来降低物业成本，直接导致“封闭大院割裂城市”的现状。[①] 随着科技的进步及开放社区建设规划推进，这些问题都将迎刃而解。开放式社区中封闭组团院落的建设、副中心智慧城市中监控设备的使用、严格的社区管理体系，健全的社区管制办法、开放性街道形成的自然防卫“街道眼”等，都将从不同的角度监控开放社区的安全，保障社区居民的生活。同时，业主权利

① 邓蜀阳，叶红．传统街区的空间场所营造 [J]. 重庆大学学报 .2004.10.(5).

的维护、物业管理的水平、社区管理办法及配套设施建设等都将随着开放社区的建设逐渐完善并法制化。

（3）公共服务水平的“三高”标准

根据北京城市副中心的规划，北京城市副中心公共服务采取“三高”标准，即社区的教育、医疗、养老配套指标将全部高于中心城区。但通州区现有的教育、医疗养老等设施难以满足城市副中心的标准，甚至有些连全市平均水平都难以达到。目前，北京市的社区教育、医疗、养老设施的建设正在稳步推进。按照“输血”和“造血”相结合的思路，通州将引进一大批学校、医院等优质资源。目前，教育方面，首师大附属中学、人大附中、北京二中、北理工附中，这些学校的通州校区正式挂牌。中国人民大学通州校区、北京电影学院通州校区的建设也正在推进。医疗资源方面，到2020年，通州区医疗机构床位总数将达到12000张，实现每千人口6.35张。目前，正加快引进安贞医院、友谊医院、首都儿科研究所等三甲医院落户通州，东直门医院、中西医结合医院两个医疗中心也将在年内竣工。

（4）探索在城市副中心实施“街区制”

街区制是世界上多数国家进行城市建设所采用的一种布局形式，副中心未来城市新建住宅可以探讨将现行的小区制逐步过渡为街区制，这不仅引起城镇居民和社会各界的极大关注，也将深刻和全面影响我国城市的规划、建设与管理。政府通过引导市民正确认知街区制，并采取有效措施避免因实行街区制而可能产生的安全和环保等方面的问题。

①北京城市副中心探索推行“街区制”的相关法律依据

包括《中华人民共和国宪法》《中华人民共和国物权法》《中华人民共和国土地管理法》《中华人民共和国城乡规划法》等法律制度均为副中心实施“街区制”提供了法律基础：我国《宪法》

第十条和第十三条规定“国家为了公共利益的需要，可以依照法律对土地和公民的私有财产实行征收或征用并给予补偿”。《物权法》第七十三条规定“建筑区划内的道路，属于业主共有，但属于城镇公共道路的除外”。开放小区内部道路就必然妨碍小区业主们共有的土地使用权，因此需要给予补偿。对此，《土地管理法》第二条规定“国家为了公共利益的需要，可以依法对土地实行征收或者征用并给予补偿”；第五十八条规定“为公共利益需要使用土地的和为实施城市规划进行旧城区改建需要调整使用土地的……政府可以收回国有土地使用权，对土地使用权人应当给予适当补偿”。《城乡规划法》第五十条规定“因依法修改城乡规划给利害关系人合法权益造成损失的，应当依法给予补偿”。因此，需要尊重副中心的发展和演变规律，认真分析当前副中心经济社会发展的现实，因地制宜，因城施策，扎实推进“街区制”改革。

②推行“街区制”有助于副中心居民的“宜居宜业”

目前我国多数城市的职住分离问题突出，这对城市内部交通、能源节约和环境保护形成了巨大压力。未来的城市规划将着重把比较安全的工商业等设施与居住区综合规划，丰富城市业态、方便居民生活、合理充实城市空间，在居住用地周边创造尽可能多的工作岗位，促使居民就近就业和生活。从公共管理视角而言，城市的“宜居宜业”建设不应仅限于规划层面。新规划的地区实现起来比较容易，而老城区的改造却比较困难。首先是现存多数城市老城区城市密度较小，容积率偏低，建筑物相对低矮，不符合城市建设的高密度要求。其次是多数城市依赖于土地财政，新城开发建设成本远低于旧城改造。对原有中心城区的开发改造，地方政府要以高价征收原来以低价出让的土地，其财政上难以获得支持。因此，对旧城的街区制改造可在保护单体历史遗迹基础上，混合布置居住区、商业设施、酒店等功能，以点带面，逐步为老城区注入新的活力。再次是公众法治素养还有待提升。高密度的街区建设意味着人与人之间距离缩小、接触的机会增大，因此摩擦发生的几率也将增大。我国城市社会居民长期缺乏自组织能力，导致很多城市居民不知道如何通过平等民主协商处理矛盾和纠纷，因此增大了对城管和警察的需求，引致基层政府膨胀，最终社会纠纷的矛头可能会从物业公司转向基层政府，增加城市社会管理风险。最后也是最值得注意的是，任何理念都需要找到如何落地的具体措施。作为“街区制”理念落实的最重要的执行者，城市规划师和设计师们不仅需要扎实的专业基础，而且更应该建立一种意识，即需要储备大量公共管理学、心理学、法学、政治学和经济学等相关的专业知识，只有这样才能做出符合实际需求、能够真正落地的城市规划与街区设计。

③推行“街区制”副中心建设的现实需求

目前，我国北京、上海、重庆等多数大城市均面临比较严重的“城市病”，这很大程度上与城市规划不合理、封闭住宅区建设无序扩张有关。我国现有大量规模较大的封闭住宅区和企事业单位形成对城市空间的割裂，严重影响到整个城市的路网布局，导致道路密度偏低，车辆、人流等交通不顺畅。尤其是部分超大型社区因实行封闭管理，极易造成“断头路”和“丁字路”，不仅成为城市交通拥堵的重要原因，同时也会产生雾霾程度加重、碳排放量增加等连锁效应。未来实行街区制改革，公共道路长度和路网密度将会显著增加，从而达到治理道路拥堵和疏解城市交通的目的。封闭式住宅区和单位大院的楼宇与相邻街道之间的联系紧密度不强，部分仅能满足住宅区内的居住、休闲和视觉等功能，而无益于发展服务业。封闭式住宅区的居民往往躲进小区自成一体，长期以来形成了比较封闭的观念。即使在小区内部，居民之间也常常相互不认识，长期不相往来。大量排他性空间的存在，既抬高了和谐社会成本，也埋下了社会冲突隐患。另外，部分大型社区尤其是某些“贵族社区”的土地利用更加粗放，而且进一步加剧了社会的两极分化。中央提出小区放开政策的初衷就是为了解决城市交通路网布局问题，促进土地节约利用。同时，实行街区制还会带来更多的商业活动，有助于增强城市社区的经济活力。因此，推广街区制本质上就是将占据大片土地的单位大院或居住区小型化，让小区不再成为城市的“梗阻”，改进城市管理、提高城市活力和居民生活品质。

4. 副中心现行的管理体制现状

副中心是在通州区原有区域范围内建立的，通州区现有的管理体制已经形成了“两级政府、三级管理、四级服务”城市管理体系和“城市政府统一领导、城区政府全面负责、街道（乡镇）负责实施”的城管格局。在计划经济时期建立的城市行政管理系统中，“条”（即各级政府的职能部门）占有主要地位，而“两级政府、三级管理、四级服务”的“块”是次要的。通州区政府各有关职能部门，承担了直接管理城市各系统的责任（见表4.2）。

表 4.2　通州区各政府部门及街道、乡镇情况

| 区政府部门 | | | | |
|---|---|---|---|---|
| 区政府办 | 区发展改革委 | 区教委 | 区科委 | 区经济信息化委 |
| 区民政局 | 区司法局 | 区财政局 | 区人力社保局 | 区环保局 |
| 区住房城乡建设委 | 区市政市容委 | 区交通局 | 区农工委 | 区水务局 |
| 区商务委 | 区文化委 | 区卫生局 | 区人口计生委 | 区审计局 |
| 区社会办 | 区国资委 | 区安监局 | 区体育局 | 区统计局 |
| 区农业局 | 区园林绿化局 | 区旅游委 | 区民防局 | 区政府法制办 |
| 区政府信访办 | 区金融办 | 新城建设委 | 通州公安分局 | 通州区地税局 |
| 通州工商分局 | 通州区质监局 | 通州药监分局 | 通州国土分局 | 通州规划分局 |

续表

| | | | | |
|---|---|---|---|---|
| 区政府部门 | | | | |
| 区档案局 | 区地震局 | 区委党史办 | 区城管大队 | 通州区国税局 |
| 通州公路分局 | 交通支队 | 区气象局 | | |
| 乡镇街道 | | | | |
| 永顺镇 | 梨园镇 | 宋庄镇 | 漷县镇 | 张家湾镇 |
| 马驹桥镇 | 西集镇 | 永乐店镇 | 潞城镇 | 台湖镇 |
| 于家务乡 | 中仓街道 | 北苑街道 | 玉桥街道 | 新华街道 |
| 其他机构 | | | | |
| 区投资促进局 | 燃管办 | 区经管站 | 区行政服务中心 | 区广电中心 |
| 区种植中心 | 区农机中心 | 区成教中心 | 区职教中心 | 通政国资中心 |
| 新城基业 | 区政府园区管委会 | | | |

通州区政府主要职责：一是执行本级人民代表大会及其常务委员会的决议，以及上级国家行政机关的决定和命令，规定行政措施；领导所属各工作部门和下级人民政府的工作。二是依照法律的规定任免、培训、考核和奖惩国家行政机关工作人员；执行国民经济和社会发展计划、预算，管理本行政区域内的经济、教育、科学、文化、卫生、体育事业、环境和资源保护、城乡建设事业和财政、民政、公安、民族事务、司法行政、监察、计划生育等行政工作。三是办理上级国家行政机关交办的其他事项。

通州区街道办事处职责：①统筹城市管理方面职责：执行上级有关城市管理的决定、命令、指示；负责辖区内环境卫生和环境整治工作，组织开展爱国卫生运动；依法查处违章搭建、无照和无证经营、占道经营、连规违章施工等；协助开展物业管理工作。组织公共服务方面职责：研究拟定发展规划；负责便民服务中也运行和管理，开展救助、劳保、计生、助残、福利等工作；鼓励单位和居民兴办化区服务事业；积极做好社区教育、科普、文化、体育、卫生等工作；发展社会组织和群众组织。指导社区建设方面职责：指导社区居委会开展社区工作；协助民政部门做好民生事务工作。②创新社会管理与维护和谐稳定方面职责：做好维稳、人民调解等工作；负责辖区人口管理：协助做好劳动保障工作;依法做好人民武装工作;协助做好统战、双拥、社区矫正、刑释人员帮教等工作。③服务经济发展方面职责；协助区级职能部门做好相关规划；负责企业相关服务（如：搜集信息、办理证照等）；协助有关部口、园区做好经济发展项目服务工作做好人才引进、人力资源、劳动保障等工作；协助税务机关宣传税法、税收征管工作；协助做好安全生产、经济统计等。衔道基层组织结构：通州区街道基层组织结构自上而下可以分为三个层次：一是领导层，包括党政组织、政府部口（主要是中央、部委、市政府及各职能部口）；二是执行层，主要是街道办事处和社区居委会，贯彻落实上级指示和政策，具体负责社区建设和管理工作；三是参与层，包括社区内各种社会团体、中介组织、物业公司等。社区平台按照“一委一居一站一办”的模式，按照社区党组织领导，社区居委会依法自治，社区管理站承接相关公共服务，社区综治办负责综治维稳工作的社区管理格局。

## 二、北京城市副中心现行社会发展与行政管理体制存在的问题

### 1. 副中心顶层设计不够，统筹力度有限

北京城市副中心的定位曾经走过一段弯路，最早被确定为北京行政副中心,后来在中央决策指引下才调整为北京城市副中心，与上海浦东新区、天津滨海新区和重庆两江新区相比，北京错过了向国务院申请成立副省级新区（通州新区）的最好时机，这造成目前北京城市副中心在规划建设管理上处于先天不足的状态。

由于行政上不是副省级市辖区，与北京其他区没有区别，所以政府统筹力度不够，调动社会资源的能力大打折扣；由于行政上不是副省级市辖区，干部无法获得高配，所以干部的整体水平也难以上去。由于行政上不是副省级市辖区，无法获得市委市政府更大“授权”，所以创新空间受限，很多创新设计无法实现。

“亡羊补牢，犹未为晚”，北京依然可以在党中央和国务院的关心厚爱下，向国务院申请设立副省级通州新区，为我国特大城市副中心建设做“开路先锋”。作为一个直辖市，北京目前还没有一个副省级市辖区，设立副省级通州新区的申请一定会获得国务院的重视和批准。

2. 副中心—北三县区域协同机制亟待加强

北京城市副中心是一个新的增长极，增长极的极化效应和扩散效应对周边地区具有强大的吸附和带动作用，河北廊坊的三河市、大厂回族自治县以及香河县（北三县）距离北京城市副中心最近，建立区域协同发展机制是当务之急。

但现实情况是，副中心与北三县的区域协同进展比较缓慢，主要表现在两个方面：一方面，整体区域合作的机制还在探索阶段；另一方面，具体合作协议的程序烦琐，没有专门的沟通部门和协调渠道，致使既有的很多协议履行进展较慢，达不到预期目标。从具体协议来看，近年来，北京、河北不同层次、不同领域部门签订诸多合作协议，合作领域广、合作内容丰富，然而在实际操作中,从协议到具体规划再到项目实施的过程往往程序烦琐，障碍较多。实现副中心与北三县进行统一规划、统一政策，统一管控以及建立深度合作机制还有待进一步健全，因此，统筹协调好各方面关系就显得尤为重要。

3. 信息化程度不高，“智慧城市”建设滞后

2013年6月通州区信息化工作领导小组办公室发布了《关于做好通州区信息化工作任务的通知》，2014年10月通州区政府发布了《通州区智慧社区建设方案》，进行试点工作，加快推进智慧社区建设。近年来，通州区在智慧城市的建设上取得了一定的进展，但总体信息化水平距城市副中心的“智慧城市”建设标准还存在着较大差距。主要存在以下问题：一是智慧服务区域有待扩展。智慧城市的建设部分满足了区级政府、本地企业和居民的信息化需求，但尚不能满足域外尤其是城市副中心与京津冀地区的需求。随着副中心人口的大量流入和产业疏解压力的增大，如何站在京津冀协调发展的高度，高效盘活通州区存量优质公共服务资源，利用信息化平台突破空间约束、扩展服务范围，加快区域公共资源均等化过程，促进产业与人口疏解，成为未来一段时期内需要迫切解决的问题。二是各级管理部门对智慧城市、云动政府等新概念理解不到位。各部门对智慧城市、云动政府建设所包含的内容看法往往不同，对今后的发展理念甚至没有考虑到物联网、云计算、三网融合、无线宽带等新一代信息技术应用，仍然采用以前的技术思路和模式。有些部门对信息化的理解仍停留在设备购置层面，在信息化技术的应用上投入的精力较少。网络应用对群众生产、生活的重大意义未被广泛认同。有的单位仍旧按照过去传统上的政府业务流程，以各个政府职能部门独立处理业务为主，有很大一部分审批业务仍是由各个政府部门窗口分别受理的，例如填申请表、审核材料、缴纳费用等等，不愿意再重新录入到网络信息系统里，这种循规蹈矩的思想观念养成的行为习惯间接阻碍了通州区乃至副中心的电子政务建设。三是配套政策法规和规范标准不完善。由于配套政策法规不完善，各部门

信息资源各成体系、独管独用。同时，对基础数据库的采集、分析等技术缺乏统一标准，使各部门之间，不同系统之间接口复杂，不易实现系统互联互通和信息的共享协同。四是缺乏大数据统筹协调部门。随着副中心建设的加速，通州区现有的大数据管理体系很难适应日益复杂的社会发展状况。以往通州区各个政府部门系统使用的数据格式和存储平台各有差异，导致各类信息资源不能实现互联互通，信息资源无法共享，信息孤岛现象严重，数据重复利用率低，数据标准化，规范化方面缺乏。缺乏统一的大数据协调管理机构和交通信息共享平台，应建设协调有力、职责明晰、运行高效的大数据管理局，统筹全区的信息资源收集处理，开放共享和统筹运用，破除平台阻隔，对相关数据进行深度挖掘，为管理决策提供数据支撑。近几年，由于缺乏区级层面的统一协调和管理机构，管理职能不够集中，致使信息化建设主要是以各业务部门自身需求为牵引，加上缺乏沟通协调，导致信息资源不共享、应用系统不互通、环境业务不协同、信息化成效不明显。五是信息服务的国际化能力亟待提升。通州区现有信息服务能力与北京的“国际交流中心”定位不相匹配。各主要门户网站、移动客户端所服务的外籍人士十分有限，例如，“数字通州”仅有中、英、德三种语言服务，很难满足外籍人士的需要，这显然与世界城市的发展目标不符。六是信息化建设统筹能力有待增强。通州区虽已编制《智慧通州信息化发展规划》《智慧通州信息化“十二五”规划》等指导文件，但在实际建设中，仍由各单位自行确定建设项目与方案，自行组织工程实施的方式，在全区层面上缺乏统一的规划与进度安排，重复建设现象依然存在。此外，由于智慧城市建设中的信息资源共享涉及多个部门、多个领域，在具体实施中信息资源采集更新机制需要进一步完善，各部门推进数据开放共享机制的积极性和主动性不高，阻碍了信息资源共享的开展，也阻碍了大数据技术的应用。七是智慧城市的项目建设与用户需求结合不紧密。智慧城市建设应当与城市管理、城市服务和城市营销紧密结合起来，使之成为上述领域的有力工具。然而从目前看，通州智慧城市若干项目建设仍然与用户实际需求结合得不够紧密，导致项目平台功能有限、用户流量偏少、内容更新速度慢等问题。八是社会因素综合导致大数据发展相对滞后。长期以来，通州区受经济条件、科学技术、教育文化、资源环境等因素的综合制约作用，区内的基础设施建设与市内核心区情况存在一定差距，作为政府主导的大数据基础设施建设也不例外。按照以往的经验来看，北京市城市核心区的基础设施建设较为完备，建立在此基础上的大数据及电子政务平台发展迅速。而通州区受到经济水平的制约，导致大数据中心与电子政务建设的财政投入严重不足，软硬件水平与中心城区始终存在着较大差距，难以满足副中心高标准的信息化建设要求。

4. 行政管理层级较多，基层治理创新不足

（1）政府层级多，行政效率低下

目前，北京市区还是以“市—区—街道—社区”这样两级政府、四级治理的模式，通州则是“区政府—街道—社区”这样一级政府、三级治理的模式。随着经济、社会、科技等方面的迅速发展，这些模式显现出一个问题，即层级过多，不利于提高治理效率。

首先，多一个行政层级，纳税人就多一份负担，政策的贯彻执行就多一道藩篱，信息的传递反馈就多一道关卡。纵向行政层级增加之后，降低了区级政府政策传递过程中被多层折射后的失真，街道与社区之间基本实行上下对口设置的“职责同构”管理必然造就很多机构和公务人员，膨胀了行政管理队伍，增加了社

会事务的审批环节，总体上降低了行政管理的效率。其次，多一个纵向的行政层级，不仅影响信息传递的速度和效率，而且在某种程度上会导致信息的失真，甚至形成行政阻力。① 在层级过多的情况下，过分倚重行政力量往往容易导致资源配置成本增高、效益降低。街道作为社区的上级主管部门有时不了解实际情况又会“瞎指挥”，管了不该管、管不好的事，也违背了市场经济条件下对政府的要求。这些都是由于层级的繁杂造成的工作不便。上情下达，由于层级过多，上面的各种信息在传递中容易失真。比如，对于区政府来说，要将一项新政策传达到街道一级进而传达到社区一级，只能通过诸多的会议，文件“爬山涉水”，最终到达目的地，街道在这一信息传递过程中起到的就是个“二传手”的作用。下情上达，靠汇报文件，由于行政层级太多，只能靠听取汇报来了解情况。在这种情况下，信息传递过程越长，其间受到的主客观因素的影响越多，造成了政策在执行过程中“形似而神不似”，或“既非神似，也非形似”，背离了源政策的精神，不仅影响了行政效率，更是提高了行政成本。上情难以及时准确地下达，下情也难以及时准确地上达。有时区政府下放的权力，很容易被中间环节截留，基层社区的自主权难以得到落实。这样不符合当今世界组织结构扁平化的趋势，不利于调动社区工作的主动性、积极性和创造性，不利于提高政府管理效能，严重增加了国家财政负担，本质是增加了纳税人的负担。②

（2）多层管理导致行政成本增高

另外一个不容忽视的情况即街道与区政府的对口设置，容易形成一支庞大的“吃皇粮大军”，运行成本巨大。根据北京市编

① 戴维·奥斯本，特德，盖布勒．改革政府—企业精神如何改革着政府 [M]. 上海市政协编译组编译．上海：海译文出版社，1996：56.

② 张志红．当代中国政府间纵向关系研究 [J]. 天津：天津人民出版社，2005：310.

制办公室提供的数据统计：2016年通州区区级层面的副科级以上（含副科级）领导干部1046人，街道层级的行政人员副科级以上（含副科级）领导干部2813人，同时维持街道办事处机构的正常运行每年需要数亿元的巨额费用，在区财政支出中占了很大比重，加大了两级财政的分散程度。高额的行政管理成本，增加了市、区两级的财政负担。据国务院发展研究中心地方政府债务课题组的课题报告《关于中国的地方债务问题及其对策思考》指出，地方政府债务膨胀的深层次原因是政府层级过多、行政机构繁杂、人浮于事。可见，解决政府层级过多的问题，唯一出路就是减少政府层级。[①]

（3）市、区、街、社工作关系还需进一步理顺

目前，通州区的社区仍承担了大量街道和区政府部门派下的事务，社区在自治方面有效精力投入不足。虽然北京创新性地进行了社区“减负”工作，取得了一定的效果，但这涉及市、区、街、社这四者关系的进一步理顺，更涉及政府机构改革和职能转变等深层次问题。社区回归本位，尚需不断努力。

在目前的层级体制下，社区实际上面临两难境地。社区作为最小的社会管理实体，承担着大量的直接治理的责任，然而，目前通州区的社区工作基本特点可以概括为人多、事多、钱少。从某种程度上说，与现有制度的层级过多有一定关系。由于层级过多，各级政府间的责任和权限也难以明晰化，街道一级往往利用其行政优势分配资源，往往是“好事，则争取；坏事，则下推”，而“上面千根线，下面一针眼”[②]则是对社区管理“事多”的真实写照。乡镇政府机构设置过于庞杂，七站八所，条块分割严重。

① 薄贵利．稳步推进省直管县体制[J]. 中国行政管理，2006,(9),9.

② 丁友良．舟山群岛新区行政管理体制创新—基于国家级新区行政管理体制的比较研究[J]. 中共浙江省委党校学报，2013(5).

“街道办事处作为一级政府，实际上是一个空架子，根本无法直接管理本区域内政治、经济、教育、科学、文化和社会各项事业，缺乏应有的权威、效能和社会凝聚力。随着市场经济的发展，街道管理社区的行政管理体制越来越严重地阻碍经济的发展。四级管理体制自我膨胀、自制程序，增加了消耗，摩擦不断。同时多层管理过程中层级机构之间有很多的摩擦，需要协调，形成摩擦消耗，并要支付协调成本。一个层次有 N 个机构，就要多开一个层次的 N 个会议，上传下达；本来只有 1 个层次的 N 个机构之间相互协调，现在需要多个层次的 N 个机构相互协调。[①]各层次的各机构之间存在许多意见上的不一致,存在着利益上的矛盾，存在着管辖权力上的冲突，都需要通过开会、协商，甚至以社会和经济发展为代价来支付成本。

（4）各类社会组织在社会治理中的能力偏弱

通州区的社区社会组织发展程度一般，存在单体小、实力差等问题。截止到 2014 年 10 月底，通州区登记备案的社区社会组织共 180 家，但是其中 90% 达不到民政部门登记所需的资金、人员、场地等条件，只能在街道备案，社区社会组织的整体实力依然弱小。目前，通州区有活力的社会组织仍以社区社会组织为主，专业社会组织在社会治理中的功能和角色尚未显现。与广东、上海等先发地区相比,北京市对社会组织的扶持力度还有待加强。

（5）行政管理观念落后，干部队伍素质不高

当前，通州城市副中心行政管理体制改革还面临着行政管理理念落后，队伍素质不高的问题。尽管国家对城市副中心建设提出了较为明确的要求，北京市进行了科学的规划，但是，行政管理体制的改革需要相应的转变观念、提升意识、不断破旧立新，

① 周振鹤.中央与地方关系史的一个侧面(上、下).复旦学报，1995(3):151—153，1995(4)：55—57.

这需要一个过程。政府职能的转变要借助于人的行为才能够得以实现，行政管理体制改革首先要解决的是人的理念和素质问题。从政府领导、普通公务员再到普通百姓，传统的、固有的思维习惯，都将阻碍着地方政府职能转变的实现。首先，就政府领导而言，政府职能的转变就意味着改革，而改革从根本上来说就是利益的调整、重新分配，势必将改变地方政府领导原有的生活习惯、工作方式，加之我国传统思维中高高在上的“官本位”思想作祟，地方政府领导改革的决心势必大打折扣[①]。其次，普通公务员早已习惯于既定的工作方式、方法，政府职能的转变意味着他们要重新适应新的工作方式。而改革预期的不确定使公务员队伍在职能转变这一过程中出现“消极怠工”“等、靠、要”现象。第三，由于条件的限制，通州区过去也招聘不到更高素质的公务员，这也造成现有公务员素质存在普遍不高的状况，尽管这几年通州新引进了一批高素质的管理人才，但距离副中心国际一流人才要求还存在较大差距。

5. 副中心发展面临的外部环境形势严峻

（1）经济运行进入“新常态”，下行压力严峻

北京作为北方最大的城市，也是我国的经济中心城市之一，在20世纪90年代以来经历了经济高增长之后，逐渐步入了城市转型期，需要调整经济结构、转变城市发展模式。经济发展的不稳定性使得城市财政收入与支出矛盾日益突出。首先是经济发展的不稳定性加剧。从北京面临的国际环境来看，北京是国际化程度较高的城市之一，与国际联系较为紧密，国际环境的变动将直接影响北京经济发展的稳定性。“目前，北京拥有外资企业总部

---

① 周建明. 社会政策：欧洲的启示与对中国的挑战 [M]. 上海：上海社会科学院出版社，2005.

562家，总部企业利润占全市91.4%，成为我国与国际联系最为紧密的城市之一。”但近年来随着出口的下降，进出口的变化情况反映出国际环境的变动将对北京产生直接的影响。从国内环境来看，2016年北京人均GDP已经达到114717元人民币，高出全国平均水平。城市发展已经进入后工业化发展阶段，服务经济在城市经济中的比重不断上升,也逐步加大了经济运行的特殊性，与全国整体态势产生不一致，进一步加剧了北京经济发展的不稳定性。其次是城市财政收入与支出矛盾日益突出。随着城市土地空间的不断拓展，产业用地和地产用地加速开发，城市的土地资源越来越紧缺。如《北京市“十三五”时期土地资源整合利用规划》要求到2020年北京市城乡建设用地规模控制在3720平方公里内。但目前北京现有城乡建设用地指标已使用了95%以上。这就使作为土地出让的相关收入日益萎缩。同时，随着房地产市场的持续调控，房地产市场的活跃度下降，与此相关的财政收入也明显下降。在这样的背景下，北京财政收入增速放缓，在全国公共服务支出水平不断提升的大背景下，随着城市人口规模的扩大，用于民生工程、社会保障等相关的费用急速增加，北京的财政支付压力不断增强，政府可用的资源越来越少，致使城市财政收入矛盾日益突出。第三是城市人口规模急剧增长。据国家统计局北京调查总队《2016年北京市国民经济和社会发展统计公报》的数据，截至2016年底，北京常住人口已超过了2172.9万。根据联合国人口司公布的数据，世界人口最多的城市是东京，北京排名第七。人口的急剧增长也带来了诸多亟待解决的问题。

（2）城市“二元结构”矛盾突出

目前，北京常住人口总量、结构和分布均存在一定程度的不合理。从总量上看，北京常住人口增长速度不断加快，突破了规划目标。从结构上看，北京常住人口中39%是来京人员。从分布上看，外来人口主要集中在城郊结合部。正是由于北京人口的不断增长，导致公共服务供给严重不足，资源环境不断恶化，在来京人员集聚区域，公共服务资源紧张、城市管理压力巨大、社会治安形势严峻以及群体性矛盾和风险积聚等问题加速暴露，成为北京社会稳定和谐的重要隐患。同时，北京流动人口规模不断攀升，使全市常住人口的不少区的流动人口甚至已经接近或超过户籍人口，出现了人口倒挂的现象。流动人口无疑已成为支撑和影响北京经济社会发展的重要力量，但由于各种原因，流动人口与户籍人口相比，仍然面临公共服务缺失、合理诉求难以表达、经济政治待遇不平等等多种困难，大量外来人口很大部分并没有享受到户籍人口拥有的教育、医疗、就业等诸多方面的公共福利，住房、养老条件与户籍人口有较大差距。因此，在户籍人口与非户籍人口之间造成新的"二元对立"，在一定程度上形成了鸿沟。"这对城市资源环境、公共服务和社会和谐提出了新的要求和挑战，已成为影响北京城乡一体化发展的最突出问题，处理不好有可能导致严重的社会生态与安全风险。"因此，在流动人口仍保持一定增长趋势的背景下，破解"新二元结构"困局的要求日益紧迫，北京需要加快推进公共服务体制改革，以实现统筹解决人口问题、建设和谐社会、推动包容性发展等多种目标。

（3）通州区"城市病"症状日益显现

目前，通州区的城市空间结构无序，产业结构良莠不齐，人口结构复杂多元，这些都对原有城市的社会结构造成较大冲击，社会结构变得复杂多元，从而易引发更多的社会矛盾。随着非首都功能疏解，工业大院整治、落后产能淘汰，加之建设过程中大规模的征地拆迁等等，会有诸多不同性质的社会矛盾呈现出来，对未来城市管理提出了挑战，如何发挥多元的力量，管理日益复杂多元的城市，化解日益复杂多元的风险，是未来通州城市发展需要解决的问题。同时，通州区近年来开始出现交通拥堵、房价高涨、水资源紧缺、环境污染、雾霾持续等一系列城市快速发展而带来的负面问题，预防“城市病”已进入攻坚阶段。在未来的城市发展过程中，亟需调整好方向，把握好节奏，控制好风险，既要避免形成中心城区的“老城市病”，又要预防城市副中心可能出现的“新城市病”。

①交通拥堵情况严重。表现在一是与中心城联系的道路潮汐式交通拥堵严重，京通快速早晚高峰拥堵严重，经常达到严重拥堵的水平。二是区内南北向交通和重要节点拥堵常发，新华南北路、九棵树西路、九棵树东路和运河西侧滨河路等少数几条贯通南北的道路；北关路口、北苑路口、武夷花园路口、耿庄桥等重要地点或路段以及学校医院布局集中区域的道路压力很大，无法满足出行需求。三是微循环不畅，断头路多，车流无法合理疏导形成拥堵。四是停车位严重不足，路侧停车和乱停车“添堵”。现阶段，副中心停车泊位缺口已高达 46–54 万个，加之路侧停车和乱停车情况突出，加剧了交通拥堵。五是公交线路布局不合理，公交线路多集中在几个重点路段，同时缺少公交港湾，出现公交车占道引起拥堵的情况。

②生态环境受到污染，特别是水体、大气和垃圾污染较为严重。表现在一是地表水水质不高，全区 13 条河流地表水水质均为劣五类，水环境亟待改善。二是大气污染重于全市平均水平，2015 年，全区 PM2.5（细颗粒物）年平均浓度 92.5 微克 / 立方米，高于全市 11.9 微克 / 立方米的平均水平，超出国家标准 1.64 倍。三是生活垃圾、农村污水等处理能力较为落后，全区日产生活垃圾量约 1400 吨，而西田阳垃圾卫生填埋场处理能力仅 800 吨 / 日，超出处理设施负荷的 75%；密闭式清洁站等先进设施较少；农村污水处理率处在较低水平，仅为 30%。

③街面环境较脏，整洁度不尽人意。表现在一是卫生死角大量存在，无物业管理小区、背街小巷、城乡结合部以及部门分管交错地带，常存在漏管现象。二是街面整洁度不尽人意，“门前三包”落实不到位，乱倾倒、乱堆放垃圾现象严重；随地吐痰、宠物粪便随处可见；无证摊贩、小广告等路面“牛皮癣”久病难治。

④交通秩序、市场经营秩序、街面景观秩序等比较杂乱。表现在一是交通秩序混乱，地铁站点周边交通秩序乱，燃油车、代步车、三轮车、外地牌照车横行，机动车与非机动车混行，自行车与机动车、行人混行，行人乱闯红灯、随意横穿马路现象普遍。二是市场经营秩序混乱，占道经营、店外经营、无证照经营等“小散乱污”非法经营现象屡禁不止。三是街面景观秩序混乱，城市公共空间缺乏系统规划，广告牌匾、路边店面、标语标识等随意摆布，城市道路及其附属电力、电信等设施标准不一。四是城乡结合部地区秩序混乱，该类地区私搭乱建现象严重，环境秩序脏乱、治安秩序混乱等问题十分突出。

⑤市政设施、公共服务设施配套不足，建设标准不高，分布不合理，居民需求难以满足。表现在一是市政设施欠账较多，基础设施配备标准多按郊区标准执行，特别是老旧城区，供水、供电、燃气、供热、环卫等设施，不仅配备较低，且年久失修，难以保障居民生活需求。二是公共安全设施不足，以消防设施为例，部分居住小区、市场消防车道狭窄、消防水源匮乏，特别是群租房、村民自建公寓几乎无消防设施。三是基本公共服务存在缺口，教育、医疗、文化、体育等公共服务资源供给数量不够，质量不高，相关指标全市排名较后。四是便民服务设施不便于民，通胡大街、新华大街、云景东路等城市道路周边公共厕所、综合服务站、垃圾站等便民服务设施缺乏，信息设施、卫生设施、休闲服务设施以及艺术景观设施等“城市家具”缺失。

⑥城市管理的保障能力弱。表现在一是社区自治能力较弱，老旧小区无物业管理现象较为突出，社区自我管理没有形成，消防、人防、视频监控等设施建设和管护缺位，居民生活质量难以提升。二是资金保障较弱，副中心的城市管理投入较少，资金来源渠道单一，管理标准也较低，城市设施的日常管护大多采用粗放式的简单维护。

### 6. 行政管理改革面临体制与机制的桎梏

北京城市副中心行政管理体制改革不仅是工作方式、工作方法的改革，也是利益的重新分配，必然会遇到一些障碍，这些障碍会延缓甚至阻碍行政体制改革的进行。研究地方政府行政体制改革就要充分认识到改革所面临的困境，进行分析，找出克服障碍的办法，从而为行政体制改革提供一些思路。

（1）行政管理理念与行政意识滞后

当前，通州城市副中心行政管理体制改革还面临着理念与意识滞后的问题。尽管国家对城市副中心建设提出了较为明确的要求，北京市进行了科学的规划，但是，行政管理体制的改革需要相应的转变观念、提升意识、不断破旧立新，这需要一个过程。

政府职能的转变要借助于人的行为才能够得以实现，地方政府职能转变的首要障碍是人的因素。从政府领导、普通公务员再到普通百姓，传统的、固有的思维习惯，都将阻碍着地方政府职能转变的实现。北京市区级政府现有的体制机制根源于计划经济时期，虽然在改革开放后进行了几次转变职能、精简机构改革的过程，但在机构设置、职能配置方面仍有待优化。在政府机构设置上，地方政府机构实行与上级政府的对口设置；在政府机构权力来源上，地方政府机构权力来源于上层机关，这导致了真正符合地方需要的部门难以出现。服务型政府的构建需要有相应的配套制度与体制，而现存的体制、机制必然会成为地方政府职能转变的又一个障碍。

（2）管理体制与管理机制不顺畅

北京市级政府与区级政府在机构设置上采取的是上下对应的职责同构模式，这样做的好处是可以使政策得到快速的贯彻与执行，拥有较高的行政效率，确保中央政策的执行。这也间接导致了区级政府与街道机构设置趋于一致，政府职能、管理方式、行使的权利也基本相同，同责同构问题长期存在。我国近几次的机构改革着力点在于政府职能与市场边界的划分，却忽视了不同层级政府之间的职能差异问题，这也是我国历次机构改革的一个老大难问题。我国的宪法虽然对各级政府间的职能划分作了原则上的规定，但并没有具体的可操作性要求。在地方政府所拥有的事权中，除了军事、外交等少数特殊的事权归中央政府独有外，地方政府基本上可以看作是小一号的中央政府。中央与地方政府的职能划分尚且如此，在各级地方政府之间甚至是区级政府与街道、社区等派出机关之间的事权关系就更加模糊、难以区分了。

近年来我国以转变政府职能、理顺关系作为重点，在行政管理体制和机构改革中做出了重大努力，却很少注意到政府职能在不同级别的地方政府中不同的具体涵义，忽略了不同级别地方政府在政府职能定位中的差异。[①] 仍然沿着传统的“同责同构”的模式进行大部门体制改革，地方政府的行政体制改革必将陷入精简—膨胀—再精简—再膨胀的怪圈中，最终违背大部制改革的初衷。因此，政府职能的定位尤其是不同级别地方政府职能的清晰定位是我国地方政府职能转变抹不开的一道坎。综上所述，北京城市副中心进行大部制改革主要面临以下几个方面的难题：

① 金太军，赵晖 . 中央与地方政府关系建构与调节 [M]. 广州：广东人民出版社，2005.

①“大部制”改革面临挑战

机构重组困境。传统的地方政府机构设置注重上下对口，上面一个处，下面就对应的一个科，各级政府机构上下一般粗，职权重叠，很少顾及科学合理性，从而导致一些地方政府部门处于膨胀发展状态。改革开放以来，虽然国务院各部委进行了多次的部门调整，但是有些地方政府却是按兵不动，以不变应万变，导致街道机构设置重复、超员超编的现象尤为严重。现在各地方政府兴起的“大部制”改革，其中就有不少地方政府简单地将几个小部门物理性的合并或者将职能相近、业务雷同的部门进行拆减。有些部门重组后，内部的职责交叉，关系不顺，人员臃肿，严重影响到政府的协调运转。此外，由于历史原因，地方政府有些部门之间本身就职能不清，行政资源划分不合理，权力交叉运行，若将其简单地撮合到一块，关系就会更加盘根错节，矛盾也会被激化，因此地方政府“大部制”改革的首要难题就是部门重组问题。

人员分流困境。人员分流问题既是行政管理机构改革的重点问题又是无可非议的难点问题。地方政府机构改革最大的难题就是人员分流这一“瓶颈”问题。一方面，地方政府可以选择分流人员去任职的调配企业和部门相对较少，管辖的范围也相当小，人员安置去向比较窄小，因而地方政府在人员分流问题上就面临着更大的困难。另一方面，地方政府工作人员“官本位”的思想根深蒂固，对部门的依赖性特别强，而且在“大部制”改革中，很多部门的领导干部职位并没有减少，只简单地分流了一般工作人员，这样就导致了机关内部“人浮于事”的现象更加严重，违背了“大部制”改革精兵简政的初衷。

利益平衡困境。改革的本质就是对各种利益的重新调整与分配，因而任何一项改革都涉及到改革对象利益关系的变动，“大部制”改革当然也不例外。地方政府“大部制”改革所涉及的利益关系是复杂的，既包括政治利益，也包括经济利益。一方面，地方政府“大部制”改革实施过程中难免要牺牲一部分人的政治利益，如精简机构要撤销、兼并一些机构，减少一些领导岗位和行政人员编制，对于这些人来说就意味着完全失去或部分失去原有的权利和地位,从而使得这部分人的政治利益受到相应的损害。另一方面，“大部制”改革不可避免地会导致某些部门或组织的经济利益分配方式和实现方式的改变，从而影响到这些部门或组织的经济收益。如部门职能的转变会使得某些实权部门管辖事务的减少，必然会导致这些部门的职能收入降低。地方政府“大部制”改革本身就是一项复杂的权力和利益重组活动，因而平衡改革对象的政治利益和经济利益将是一个复杂的利益博弈过程。

改革配套困境。地方政府本身就呈现多样性和复杂性的特点，其“大部制”改革必然会受到外部环境和内部问题的共同影响。因为“大部制”改革不是简单的精简机构和裁减人员，而是政府内部职能的重构。因此，副中心“大部制”改革不仅会涉及地方官员观念转变、财政经济状况问题，还会涉及政府的领导层级、组织结构、协调机制、管理机制、运行机制和监督机制等方面的问题。这些问题的解决都离不开相关配套措施的完善，但是长期以来我国地方政府行政管理体制机制发展相对滞后，科学的管理体制、运行法规和监督机制，使得改革与实际相脱离，从而无法实现“大部制”改革的目标。

②管理部门职能交叉现象仍然存在

财税监督职能方面：区政府有三个职能部门即财政局、税务局、审计局都承担对企业的财税监督职能。虽然这三个部门有职能界限，它们的职能分工是不同的，但在对企业的财税监督上，三家的职能有交叉，这就造成一个企业一年内要接受三个部门的重复检查。问题是重复检查、层层监督并未有效地阻止国有资产的流失，税收流失的情况也仍然存在。

城区建设方面：区政府有五个职能部门与城区的建设和管理有关。它们是国土资源局、住建委、城管办、水务局、环保局。这几个部门在实际运作时，有的职能有交叉，造成这几个部门时常出现矛盾，关系难以协调。例如国土资源局和住建委两个部门都管土地的开发和使用。住建委和住宅局在房屋建设的招投标和验收上部分职责重复。国土资源局与水务局在供水规划、建设审批、协调权限方面有交叉。水务局和住建委两者的职责有密切联系，水务局管上水（引水），住建委管排水（下水），上水和下水的职责由两个不同部门承担。

产品监督方面：区政府有五个部门可以对产品的质量进行管理和监督。它们是工商管理局、技术监督局、酒类专卖局、烟酒专卖局、卫生局。如果要查处假冒违劣产品，往往由这五个部门联合进行查处，增加了监管与协调成本。

培训方面：区人事局、教育局、劳动局都有培训的职能。在理论上三家培训的任务有分工，但实际上培训的内容有交叉。人事局主要承担调干考试,职称晋升的外语考试及相关的业务培训。劳动局管行业上岗培训,也承担一部分工人进户口的考试和培训。教育局管成人教育。这里的问题是，人事局和劳动局都有进户口的权力，对常住户口指标的控制不易统一。劳动局和教育局在培训方面，授课内容重复，存在争学员的问题。

政府职能交叉危害很大，最大的危害是加大管理成本，降低管理效率。政府职能交叉就会造成政府机构重叠，政府机构是根据政府职能来设置的。政府机构重叠，政府人员就要膨胀，因为重叠，庞大的政府机构要由人数众多的人员来填充。机构庞大、重叠、人员众多，开支就要不断增长，这就加大了管理的成本。由于机构庞大、重叠，办事程序多、层次多，效率必然低下。在实际中常常可以看到职能交叉的部门之间互相扯皮、互相推诿。有利的事情互相争，无利的事情互相推，出了问题没有真正的责任人。政府部门职能交叉，造成部门之间的矛盾多，需要协调的时间多，使政府的内耗增大，应有的功能却降低。以上问题使我们不得不思考造成这种状况的原因及改变对策。

③考核机制不完善

考核机制不完善也是突出问题之一。区级地方政府在市级政府的指导下进行改革，应当有一套自身的考核机制，然而目前地方政府往往将经济增长速度、地区发展状况、财政增收速度作为考核的主要内容。在这种思想的指导之下，区级地方政府官员眼中往往只有经济发展指标，在任期内努力发展经济提高地方GDP，所做出的决策往往也只以经济发展作为目标，而忽视了民生、环境等重要环节，使得地方在经济发展增速的情况下，其他各项指标往往没有提高。这就产生了政府考核优秀，人民缺乏获得感的局面。[①] 区级地方政府在专注经济发展的情况下，往往采取短期决策的方针，不能够看得长远，这就在很大程度上导致决策的短期效应。一般在地方官员结束任期之后问题就显现出来，而下一任政府往往不能很好地在收拾烂摊子的同时做出更好的决策，这就导致了恶性循环。而地方政府的官员以及政府绩效的考核上所采取的民主、公开、平等、竞争的选人用人机制在执行过程中往往存在着很多漏洞，地方政府的提拔与任用往往与政绩挂钩，数量与数字往往是评价一个官员好坏的标尺，因此就导致了地方官员为了晋升而弄虚作假、好大喜功、投机取巧等现象的出现，这些官员往往不能根据当地的实际情况，而是以政绩作为终身奋斗的目标。在地方政府的行为目标日益转向经济发展的过程中，导致了地方政府在做出决策时往往忽略人民的利益，导致人

① 康少邦，张宁 . 城市社会学 [M]. 杭州：浙江人民出版社，1998.

民利益受到损害而难以体现公平公正的原则。

（3）制度与管理不完善

为适应市场经济发展，自改革开放以来，北京市政府在行政管理体制改革方面做出了很大的努力。行政管理体制改革，是一项自上而下的重大措施，地方政府改革是在中央政府改革的指导之下进行的，也是行政管理体制改革的重要环节，只有地方政府改革与中央政府改革同时进行、完美结合，才能实现政府体制改革的有效进行。近年来，北京市政府及区县政府的改革取得了一定的成效，但是也存在着一些薄弱环节，这与中央政府有一定的共性。一是政府机构的类型多、机构庞杂；二是政府机构的设置不够合理，系统不够明晰，未能达到“机能一致”，还存在诸如机构重叠、多头管理、职能交叉、政出多门的现象；三是组织内部职责划分不清晰，常常出现决策、执行与监督集中于一个部门的现象；[①] 四是政府间的职责权限划分不清；五是缺乏科学有效的监督和评价机制，存在严重的权责脱节、监督缺位的现象；六是缺乏有效的约束和管理机制。要解决这些问题，就需要地方政府在改革中必须大胆创新。北京城市副中心的建设作为全新的项目，特别是在政府体制改革方面应当发挥自身的优势，结合当地的特点，进行不断的实地调研，发展符合实际情况的政府体制改革，这样才能在不断发展的中国社会和经济的情况下有所建树，发挥自己的能动性，真正将政府体制改革有效实施。

另外，在城市综合管理中也存在一些突出的问题。目前，通州区的城市空间结构无序，产业结构良莠不齐，人口结构复杂多元，这些都对原有城市的社会结构造成较大冲击，社会结构变得复杂多元，从而易引发更多的社会矛盾。随着非首都功能疏解，工业大院整治、落后产能淘汰，加之建设过程中大规模的征地拆

① 薛刚凌 . 行政体制改革研究 [M]. 北京：北京大学出版社，2006.

迁等等，会有诸多不同性质的社会矛盾呈现出来，对未来城市管理提出了挑战，如何发挥多元的力量，管理日益复杂多元的城市，化解日益复杂多元的风险，是未来通州城市发展需要解决的问题（见图 4.3）。

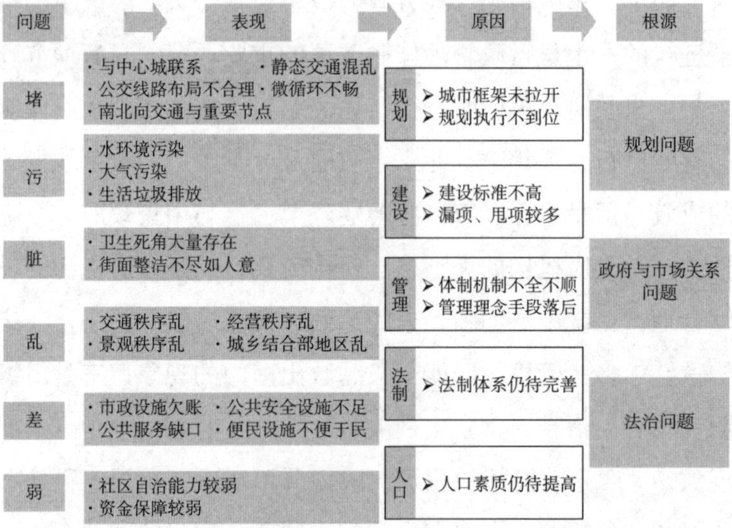


**图 4.3　通州城市管理综合中存在的突出问题及根源**

①城市规划建设标准不高、执行不严。一是规划的城市框架尚未拉开，通州区现行的 2005 版规划主要功能设置过于集中，多分布于四个街道办事处和永顺、梨园地区。二是规划执行刚性不足，规划公开性差，无群众监督实施，在执行过程中频繁调整、甩项漏项，产生诸多历史遗留问题。三是建设标准普遍偏低，作为北京的一个郊区县，许多设施的建设标准都是郊区标准，使得副中心城市功能的完善与城市规模的扩张无法得到很好的匹配，直接增加了城市管理的难度，也影响了管理的质量。

②城市管理体系与管理实际不相适应。一是城市管理缺乏系统设计，由于过于强调环节管理，“九龙治水，各管一方”现象严重，管理空白和盲区众多。二是属地与职能部门难以协调，下

沉力量受双重管理，属地对其调动能力不强，不易发挥各职能下沉力量，造成执法不到位。三是政府管理与社会管理边界不清，政府在众多领域既当裁判员，又当运动员，市场、社会的力量发挥不足。四是城市管理理念和手段落后，源头管理研究不足，办法不多，更多依赖城管局的末端执法；以搞突击式、运动式管理为主，没有形成长效机制，造成一些问题反复、回潮；对于历史遗留问题和类似问题存在“得过且过”和“依照先例”的管理思维，致使老问题层出不穷，日益加剧。

③法规体系有待完善优化。随着城市化的快速推进，城市管理新事物层出不穷，相关城市管理法规不健全，有的由于不适应城市发展新要求，规定难以执行，成为沉睡的法律；有的规定程序复杂，需填制大量文书表格，层层审批，执法成本过高；有的法规与城市管理日益多元的管理对象不相适应，缺乏相关规定，导致执法不力；有的法规的规定存在漏洞，面对越来越复杂的执法环境和现象，执法困境重重。

④市民文明素质有待培养提高。由于社会人口流动加快，城市人口动态性强，人口构成日益复杂，出现一些市民社会公德意识、卫生意识、环境意识不强。这部分人群多以个人经济利益追逐为根本出发点，当城市管理与个人私利出现矛盾时，城市文明往往被抛在一边，各种旧有观念和不良习惯也就被自觉不自觉地带进了城市空间，对社会造成了很多不良影响。

# 第五章　北京城市副中心行政管理体制创新设计

## 一、北京城市副中心行政管理体制总体设计思路、理念、原则

1. 总体思路

在“创新、协调、绿色、开放、共享”发展理念的指引下，按照世界眼光、国际标准、中国特色、高点定位的要求，梳理国际国内最新理论研究成果和实践经验，总结可供北京城市副中心打造现代治理体系的智慧启迪，在深入调研的基础上，对北京城市副中心行政管理体制进行总体设计，秉承效率、公平、共治、云动四大理念，坚持高标设计、痛点导向、重点突破、精准施策四大原则，打造“云动政府”，实现北京城市副中心云动、智慧、诚信、共治和高效的服务型政府新模式。

2. 设计理念

（1）行政管理的“效率理念”。行政管理核心就是提高行

政管理效率。行政管理效率是行政管理理论极为关注的问题，提高行政管理效率是行政管理活动的出发点和最终目的。副中心的建设中所谓“效率理念”即实施“高效率的行政”，就是实现政府运转速度快，办事效率高，行政成本低，管理效益好。各级政府及其工作人员必须增强成本意识、效率意识，把成本管理、效率管理纳入政府管理之中。应进一步减少行政层次，压缩审批事项，简化审批程序，加快政府提速，以适应经济社会快速发展的需要。这就要求政府部门精简机构，转变管理方式，实现由微观管理向宏观管理、由直接管理向间接管理的转变、创新政府治理职能模式、转变政府职能，从全能行政转向有限行政，从管制行政转向服务行政，最终达到提高行政效率之目的。

（2）公共服务的“共治理念”。“共治理念”就是政府在社会治理中发挥主导作用，出于有效治理需要，政府同时保护并尊重社会主体的地位以及社会自身的运作机制和规律，通过建立健全各种制度化的沟通渠道和参与平台，推动落实各项相应的制度建设和政策措施，并将其纳入相应的法律框架，从而充分发挥社会力量在社会治理中的作用。“共治理念”的实现需要权力的运用，但权力的作用方式已然发生了变革，政府对于社会公共事务进行放权，治理所依托的是包括政府权力在内的，市场的、法律的、文化的等等多元方式进行的治理。“社会共治”重视各种社会主体的合作共治和民主协商，强调政府权力作用于社会时的服务性，显示出对社会各种主体的权利尊重，从而更有利于社会矛盾化解与和谐社会建设，达到社会治理的价值目标。

（3）城市管理的“云动政府”理念。云动理念是建立在“云动模式”基础上的基层公共服务社会化运营机制；按照云信息要求整合了区域的信息资源，将分散信息整合到统一的云信息平台；强化了大数据时代信息集成功能，提升了云信息处理在决策中的地位；提升了社区公共服务运营效率；同时动员了社会各方力量广泛参与基层社会公共服务。其特点体现为：一是创立了灵活的基层公共服务社会化运营机制。设计了动力机制的永动性和可持续性，管理机制的人性化和精细化，运营机制的社会化和市场化，监督机制的广泛性和有效性。二是按照云信息要求整合了区域的信息资源。将分散信息整合到统一的云信息平台，强化了信息的交互性，扩大了信息抓取的广度和深度，提高了现场信息的精度。三是加强了云信息与公共服务的融合。强化了大数据时代信息集成功能，提升了云信息处理在决策中的地位，提高了发现问题的预估和预判能力，提升了云信息下的快速反映和处理能力。

3. 设计原则

高标设计。按照世界眼光、国际标准、中国特色、高点定位的严格要求，借鉴国际国内最新理论研究成果和实践经验，秉承效率理念、公平理念、共治理念、和云动理念，设计北京城市副中心行政管理体制总体框架，打造“云动政府”新模式。

痛点导向。围绕北京城市副中心的“短板”和“痛点”问题，挖掘背后的体制机制根源，深度分析客观和主管原因，从体制机制上找出解决这些痛点问题的路径和方法。

重点突破。聚焦通州新区行政级别的提升和干部的配备，关注北京城市副中心与北三县之间的协同机制建设，注重北京城市副中心 155 平方公里内部行政层级的扁平化设计，探索北京城市副中心基层行政管理体制的创新路径，强调北京城市副中心大数据中心建设的重要性，并在这些方面寻求解决方案。

精准施策。坚持因地制宜、分类指导、精准施策原则，对北京行政副中心行政管理体制涉及的重点领域，采取差异化、有针对性的改革举措，找准北京城市副中心行政管理体制的难点和痛点问题，破解深层次体制机制约束，实施精准化的改革措施，构建世界一流的“云动政府”新模式。

保持稳定与完整的原则。副中心的发展离不开整个北京市的发展，北京市的发展也离不开副中心。副中心行政体制的改革与创新必须以保持稳定与发展为前提。

独立性与独特性的原则。副中心应具备相对独立性，拥有更大的管理权限。同时，因其肩负统筹内部不同行政区与经济性功能区的重担，其管理体制应具备与一般市区有所区别的独特性。

建设与发展阶段相适应的原则。副中心行政体制改革应具有阶段性和战略性，既要符合不同发展阶段的要求，更要考虑远期规划，保持长时期的稳定，又要根据形势的变化及时做出调整。

探索性与创新性原则。副中心行政体制改革应从副中心的实际情况出发，敢于大胆创新，可以将一些新设想在副中心进行试点，总结经验后再向全国推广。

## 二、北京城市副中心行政管理体制改革的总体设计

### 1. 将副中心的行政级别提高至“副省级”

副中心的行政级别定位问题是当前副中心建设亟待解决的焦点问题，从副中心的建设规模、规划目标、辐射范围、改革地位等情况看，副中心已经具备了提升行政级别的客观条件。

（1）从城市副中心的建设规模看，其工程之宏伟，投资之巨大，不仅在北京的建设史上是前所未有的，在全国乃至国际上也是罕见的。这种建设的规模和层次没有一个市辖区能与之相比。

（2）从城市副中心的规划目标看，它不是在原有基础上的过渡性改造，而纯粹是城市的新建，使城市副中心完全按国际大

都市的标准，在经济、交通、基础设施、文化等方面以国际现代化新城区的面貌展现在世人面前。这也是现有任何一个市辖区不可及的。

（3）从城市副中心的辐射范围看，它的意义不仅仅是北京中心城区的扩大，而是把北京重建为世界城市，建成集行政、贸易、经济的中心之一，不仅对北方地区，同时对全国经济、政治发展都产生巨大的推动作用。这也是现有市辖区无法比拟的。

（4）从城市副中心在全国行政改革中的地位看，它已成为与国际接轨的一个窗口，在政策上它可能享有经济特区、经济开发区成功经验基础上的各项优惠条件，而且还可能享有国务院特批的优惠条件。这也是其他市辖区无法比拟的，同时也对即将建设的雄安新区提供宝贵的借鉴意义。

建议在副中心155平方公里设置为新区后，将行政级别升格为副省级，赋予副省级权限，但不能简单复制区一级行政模式，应当通过创新机构设置，明晰事权财权，探索实现一种与城市副中心定位相适应、行政管理创新和行政成本降低的新型副市级新区模式。建议市委市政府协调中央编办，比照浦东新区同期行政建制，尽快将副中心提升为副省级新区。在中央编办未批复前，考虑通州本地干部的积极性和工作实际需要，协调市委组织部门将新区区委、区政府、区人大、区政协和区管委会等正职领导高配为副部级，副职领导（包括区委、区政府秘书长）高配为副部级。党委系统、区人大内设的办公室、区政协内设的办公室与专委会、区政府各职能局及街道乡镇正职高配为副区级。

第一要抓紧时间研究和制定方案。及时向党中央和国务院报告研究和进展情况，说明设立副省级通州新区的意义和重要性，争取党中央和国务院的支持。召开专家座谈会和讨论会，听取专家意见，争取专家支持。开展多方面和全方位的宣传和报道，争取社会公众和舆论的广泛支持。

第二要未雨绸缪。及时研究通州新区副省级市辖区的行政管理架构和层级，以及干部队伍储备状况。

第三在等待国务院批复的过渡时期，可以在通州区按照副省级市辖区要求在干部任用上“先行先试”，对干部进行高配。区委书记、区人大主任、区长、区政协主席均为副部级，副职为正厅级，各职能处室都要高配半格。

第四在未来五年的时间里，北京可以考虑将东城区和西城区合并，成立中央政务区，并将中央政务区设置为副省级市辖区。报请国务院批准。那么在未来，北京将有两个副省级市辖区（图5.1）。

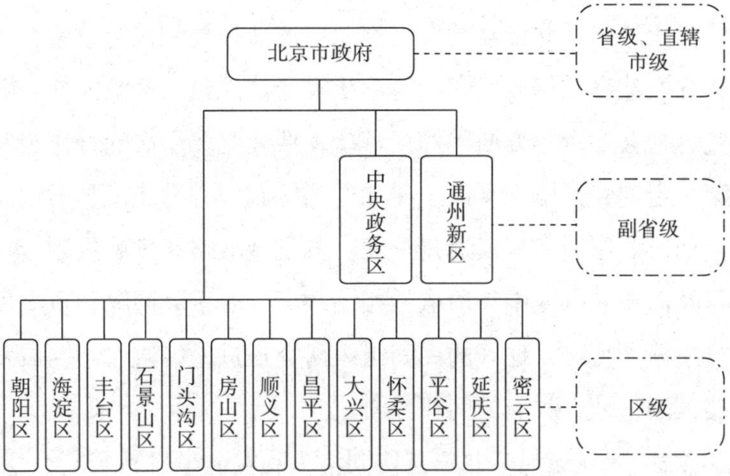


**图 5.1　北京市行政层级设计图**

2. 筹划建立通州—北三县协同治理体系

2016 年 6 月，在传达学习贯彻中央政治局会议关于规划建设北京城市副中心和进一步推动京津冀协同发展有关工作的学习会上，北京市委提出“规划建设北京城市副中心推动京津冀协同发展的历史性工程。”同时指出通州要加强与中心城的联系，还要加强与整个东部地区的联系。可以预见，副中心与“北三县”（三河、大厂、香河）的协调发展势在必行。而要协调好通州乃至副中心与北三县的统一管控，统一规划，行政体制改革是必要的先决条件。提前谋划通州与北三县的协同组织体制、利益分享机制、信息交互机制、考核激励机制、行为约束机制势在必行。

（1）建立通州—北三县协同治理组织体系

在通州与北三县一体化合作发展进程中，政府应当起到引导作用。首先，建议由北京与廊坊市委、市政府分管领导牵头，抽调发改、规划、建设、交通、财政、税务等有关部门的精干力量，除成立通州—北三县开发建设领导小组及办公室之外，各区还应成立级别较高的管委会，赋予足够的决策权、协调权和监督权，具体负责通州—北三县的发展规划、产业布局和扶持政策，指导项目开发建设和招商引资，科学统筹经济总量、资源能耗、财政收支、社会发展等方面问题。其次，要建立多层次的合作与对话框架，定期召开协调会议。比如通州区副中心与北三县书记、县长定期协商制度，审议通州—北三县发展战略、发展规划、重大项目及需要向省或中央争取的相关政策，对重大问题和重大项目进行决策。再次，地区的民间组织研究推进地区协作和区域发展战略，增进地方政府之间相互交流。

（2）建立通州—北三县协同治理利益分享机制

通过合作各级政府能够共享利益，是通州—北三县一体化合作的根本出发点。通州—北三县一体化发展利益分享机制可分为两个层次，一是通州—北三县一体化发展利益分享的核心机制，包括利益分成机制、利益补偿机制和利益帮扶机制。利益分成机制应在市政府指导下，由各县政府达成，最终形成有约束力的规定。一般来说，各区域的利益关系通过利益分成机制能够解决大部分，但合作各方发展极不平衡，三河占有绝对优势，香河和大厂实力与之相距较远。在合作过程中，各方目的不同，有的可能要重新定位自己的优势产业，有的可能借机扩大市场，壮大自身产业优势；各方分工也不尽相同，为形成完整的产业链条，有的需要生产低附加值产品，有的生产高附加值产品。最终造成利益流向优势一方，因此需要合作获得利益多的一方给获利少的一方必要的补偿，让区域内所有的地区都共享合作的收益，否则合作关系就不会长久。因此，利益补偿机制和利益帮扶机制成为利益分成机制的重要补充，用来协调区域间应分配的利益，缩小区域之间的差距。

（3）建立通州—北三县协同治理信息交互机制信息

经济学认为，达到帕累托效率最优状态的条件是完全信息共享，因此要加强通州—北三县信息建设的一体化。信息机制建设中，最重要的是政策和决策信息，包括各个行政区域在协商的基础上形成一系列相互支持的政策、各个地区经济政策内容等。在通州—北三县一体化信息交互机制构建中，重点是加强通州—北三县信息港建设，建设宽带的信息高速公路，建立电子政务信息资源和信用体系资源的共享平台，为通州—北三县一体化合作发展搭建良好的信息发展平台。

（4）建立通州—北三县协同治理考核激励机制

现行的政绩考核模式过分强调地区 GDP 增长率、财政收入和税收等单一的经济增长指标，忽略了环保、经济发展质量、社会公平等重要指标，成为阻碍通州—北三县经济一体化进程的一个根本体制因素。可以参照长三角经济圈的做法，长三角一体化进程中，一些城市完善了政绩考核指标体系，增加了促进经济一体化、政府职能转变和行政效能进步状况三个新的指标，消除了长三角一体化的体制壁垒。因此，一是要因地制宜，根据各地区间的差异，探索个性化、特色化的发展道路。比如，大厂和香河比较落后，应建立良性的引导机制和激励机制，给各市县留出更大的“自选”空间，避免为应付考核而造成形式主义；二是建立绿色经济发展的统计、跟踪和评价机制，形成系统化的考核机制。建立绿色 GDP 政绩考评体系，弱化对经济总量和增长速度的要求，而增加产业结构优化、生态环境友好等方面指标的权重。

（5）建立通州—北三县一体化合作发展行为约束机制

为了防止通州—北三县合作发展中的机会主义行为，提高干部的执政能力，促进合作关系的健康和谐发展，需要建立通州—北三县合作发展的行为约束机制。这个机制包括：通州—北三县一体化合作发展的法律约束机制，包括合作三方在协调发展中应遵守的实体法、程序法，以及加强执法力度；建立通州—北三县一体化合作发展的监督约束体制，包括保证监督机构的独立性和权威性、保障监督结果的运用等；逐步建立通州—北三县一体化合作发展的问责约束机制，包括问责法律体系的构建、促进问责主体多元化等。

3. 建设高水平信息化平台，提升管理效率

（1）建立管理协同机制实现信息化平台建设标准化

副中心的大数据建设与“智慧城市”建设标准化必须与副中心实际发展情况相结合，尤其要根据城市的发展模式与优势领域细分智慧城市建设的具体内容，有针对性地开展标准化工作。在实践过程中应当遵循 4 个原则：建立层次化的标准体系结构；充分吸收和利用现有标准；采用国际标准；优先制定急需标准。政府先行主导，注重顶层设计，制订整体规划。各地区、部门借鉴国外智慧城市建设的先进经验，结合副中心的实际情况，统一思想，在基础设施建设包括网络通信设施、智慧城市系统及物联网

软硬件指标等方面达成一致，保证各地区、部门之间在智能化建设中的协同合作。采用先行后续的进程，后续阶段的标准必然建立在已有的标准之上，将技术的延续性和前瞻性摆在突出的位置，从动态上把握标准化的建设规划。政府在市级层面进行统筹，成立由副中心智慧城市建设工作领导小组办公室与各行业协会联合组建的标准化工作小组，规划战略、指导协调，解决智慧城市标准化工作中碰到的难点问题。做到长远规划，从宏观上看待智慧城市的标准化建设。为更好地实现副中心管理部门对社会实施高效管理，满足公众需求，完善数据信息资源公共服务。

（2）建设智慧城区，有效提供高效便捷的管理服务

以创建智慧城市试点为契机，在新区政府下专设城市管理改革小组，根据城市管理综合的基本框架，委托城市运营管理服务中心，打造智慧城区。一是构建“1+4+ 云”智慧城区发展全景。在城市副中心考虑建设“1+4+ 云”智慧城区及云动平台。即“一个中心、四个体系、N 个平台”，其中“一个中心”指副中心运营管理服务中心；“四个体系”指智慧政务体系、智慧经济体系、智慧民生体系、基础信息体系；“云动平台”指城市大数据平台、城市综合信息平台、城市网格化管理平台等多个支撑、支持系统和平台。二是加大智慧系统智能平台的技术支撑。立足和谐宜居建设，基于已建成、已购买的数字城市要素、元素和系统、服务，整合城市智慧化应用实际需求，进行智慧系统、智能平台的整合和更新，建设智慧城区综合监测指挥中心、智慧城市体验中心、智慧市民云等新的数字城市支撑，创建适用于北京城市副中心的智慧城市体系，并系统化开展智慧城市基础设施的建设。促进经济和产业发展，实现普惠化的智慧生活。三是强化智慧城区建设的企业运营管理。引进“智慧城市”“云动政府”的概念进行城市管理，一是强化智慧基础设施建设，完善城市物联网体系，建

立起城市电子档案库，大幅度提高城市信息技术应用水平；二是以政府数据为核心，实现内部数据共享，建立政府单位对智慧城市的数据开放平台，延伸智慧城市大数据产业的产业链条，实现数据资产化。

（3）不断优化政府职能机构配置，成立大数据管理局

2015 年 9 月，国务院印发《促进大数据发展行动纲要》（以下简称《纲要》），系统部署大数据发展工作。《纲要》指出，2018 年底前，要建成国家政府数据统一开放平台，率先在信用、交通、医疗等重要领域实现公共数据资源合理适度向社会开放。此后广东、辽宁、四川等省份均已有地方政府成立大数据管理局（图 5.2）。大数据管理局由政府牵头，统筹公共数据开放，推动产业发展。事实上，政府通过开放数据带动商业发展在国外早有过不少案例，开放政府数据，打通数据来源的壁垒，对于产业发展具有巨大意义，甚至可以带动全新的商业模式。

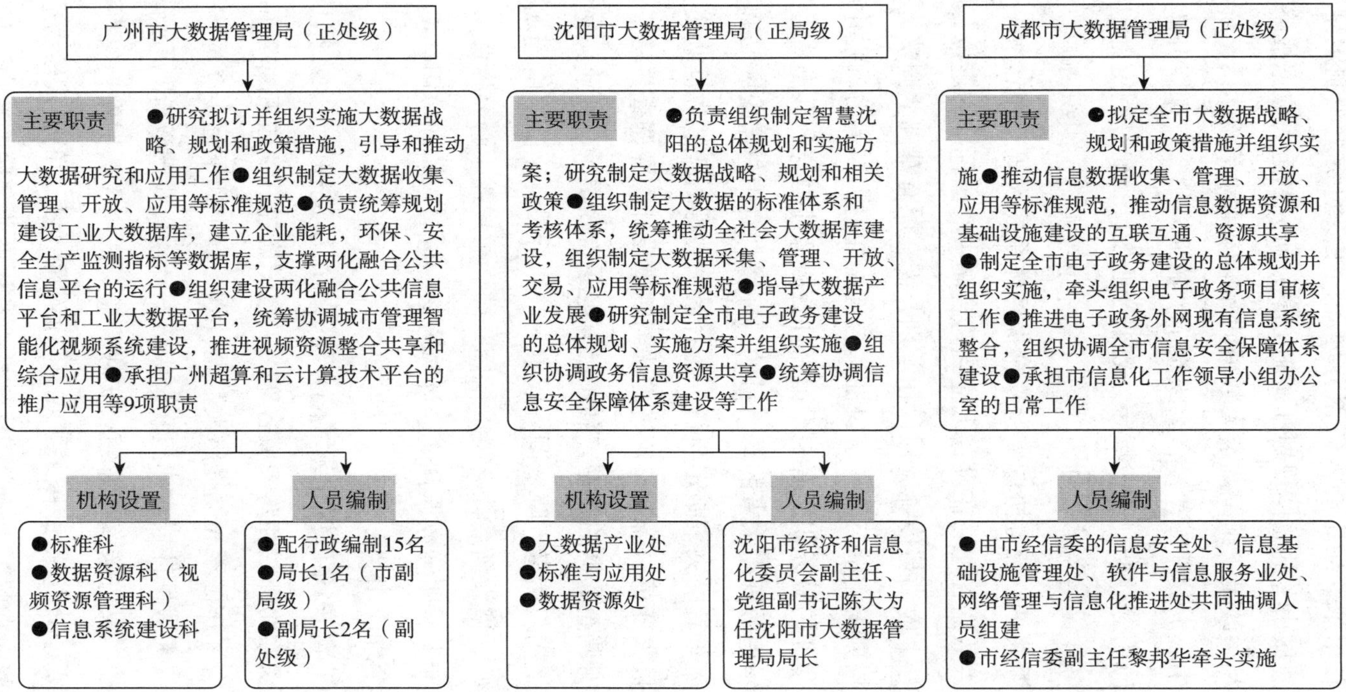


图 5.2　部分城市大数据管理局基本情况

建议成立副中心大数据管理局，主要负责组织制定副中心“智慧城市”的总体规划和实施方案；研究制定大数据战略、规划和相关政策；组织制定大数据的标准体系和考核体系，统筹推动副中心大数据库建设，组织制定大数据采集、管理、开放、交易、应用等标准规范；指导大数据产业发展；研究制定副中心电子政务建设的总体规划、实施方案并组织实施；组织协调政务信息资源共享；统筹协调信息安全保障体系建设等工作。

大数据管理局在设置上应当符合副中心高标准的定位，在管理流程上应当与传统流程存在差别，需在原有基础上调整机构设置，根据工作量与工作重要性，合理调配财力与人力。强化政府数据管理的服务职能有利于提高社会服务能力与公众满意度，应着力考虑数据需求者的运用目的与环境，对用户需求展开调查，服务需求者的决策制定与行为选择。大数据时代的数据收集方法发生极大变革，需调整调查方法与制度设计。在调查方法上，丰富政府调查数据的类型，利用已有电子行政记录、商业交易记录和网络用户信息，降低调查成本。在指标设计上，应由宏观向微观转变，增设满足社会需求指标，减少重复或不必要指标。在数据标准上，明确数据含义、计算方法、数量单位和应用环境，使数据合理应用。

（4）多角度深化领域间合作，着力引进和创新大数据技术

探索跨部门和跨领域合作。大数据应提升到国家战略高度，结合实际从国家高度提出大数据计划，自上而下逐步渗透，制定各部门大数据计划或部门联合大数据计划。我国政府既可借鉴国际经验，又可借鉴商业领域实践经验。政府大数据作为保密性质的重要公共资源，我国采取政府与商业联合开发的模式较为适宜，发挥政府在政策支持上的优越性，利用商业部门的技术经验，优化双方大数据管理。我国政府数据管理技术相对落后，唯有引进

和创新大数据技术，方可拥有主动权。在初期着力引进外部大数据管理技术，力求掌握核心技术，在中期采取边引进边创新的策略，探索适合我国的政府大数据管理技术，在后期着力开发具有中国特色的大数据管理技术，掌握大数据技术主动权。

（5）建立政府大数据服务平台，落实“放管服”精神

这与国际上进行的数据信息平台建设相一致。建立官方数据服务平台，促进政府公共数据查询服务公开透明。在保护国家秘密、商业秘密、个人信息基础上，以政府官方网站为依托，打造在线政府大数据信息平台，向社会公众免费公开非涉密数据。在公共服务场建设数据查询服务基础设施,切实增强数据可获得性。同时，管理大数据首先要进行判别与分类，政府数据管理部门应根据数据类型与用户需求构建统一的大数据管理平台系统，类间采取个性化的数据管理模式，类内采取统一的数据管理模式。实现信息源与数据平台的实时对接，减少人为干扰和时间滞后，节约人力成本。平台实施统一标准，做到科学规范，保证数据可比，实现数据共享，同时，利用大数据推动政务服务体系建设，完善政务中心管理体制，推动简政放权，落实“放管服”精神。一是利用大数据推动简政放权。建立基础数据库、专业数据库和应用数据库，打通相关各部门之间的数据链，以“技术强制力”克服政务数据碎片化、信息资源共享程度低等问题。通过建立项目并联审批平台，形成网上审批大数据资源库，实现跨部门、跨层级项目审批、核准、备案的统一受理、同步审查、信息共享、透明公开，简化办理程序。二是运用大数据促进放管结合。面对日渐增多的海量信息，通过改进对大数据资源的利用方式，提高信息使用频率，建立以公众需求为导向的信息化平台，加强政府信息公开工作和数据开放的力度，实现放和管的良性互动。

（6）加强大数据宣传和培养力度，自上而下提高大数据意

识和能力

以科普宣传为主要手段，在公众范围内普及大数据知识，着力宣传其在提供公共信息服务和监督政府管理方面的作用，增加公众大数据素养。提高政府数据管理人员的大数据意识，发挥自上而下宣传的作用，组织短期大数据管理培训，学习大数据前沿知识，转换大数据思维，接触大数据实践。专业的大数据管理人才是最直接与政府大数据打交道的人员，直接影响部门数据处理效率。政府可以与高校联合培养，完善培养教育体系，既要加强数据管理高端人才的培养，也要加大具备多方向知识结构的复合数据管理人才的培养，必要时引进外部优秀数据管理人才。

（7）完善相关法律规章保障，确保大数据环境信息安全

大数据时代数据的透明开放并不意味着数据无条件开放，国家、企业和个人数据的安全隐私仍受到法律保护。政府部门有必要建立健全大数据相关法律法规，重点制定与大数据新问题相关的法律法规，使新法规与旧法规有序衔接。明确管理者和使用者在数据收集、整理、分析和共享过程中的责任和权利。更积极的方法是提升大数据安全保障技术，政府需要通过技术手段监测数据安全程度，不断升级数据安全核心技术，加大对本国数据安全相关企业的投入，共同开发新技术。在依靠技术手段和法规保障的同时，还应不断配套完善政府大数据管理组织体系，共同维护数据安全。大数据时代的政府数据管理任重而道远，需要我国政府结合当前实际情况，树立大数据意识，加快数据挖掘技术创新，不断深化数据管理革新，进而加速大数据应用进程，提升政府数据服务能力，共同推进大数据背景下政府治理的现代化。

4. 压缩行政管理层级，实行“扁平化”管理

传统科层制的多层级管理，面临现代社会的日趋复杂，知识

与信息要素的日显重要，城市规模与人口的急骤攀升，社会治理问题比较突出等问题，逐渐显出效率较低、反应迟缓等不足。而扁平化管理以其敏捷、灵活、快速、高效的特点，成为解决科层制弊端的一种模式。管理扁平化，主要就是减少管理层次，整合职能机构，精简管理人员，建立一种紧凑而富有弹性的新型组织模式和管理模式，使金字塔状的组织形式“压缩”成扁平状的组织形式，从而达到减少行政成本、提高办公效率的目的。

（1）探索撤销街道办事处，减少政府管理层级

1954 年颁布的《街道办事处条例》于 2009 年由全国人大宣布废止，同时，全国人大又没有制定新的相关法律，这在某种程度上表明，立法者对于街道办事处这样一个机构并不认可。而一些地方推行的取消街道办事处的改革，更是为取消街道办事处打下了伏笔。街道办事处作为区政府的派出机构，曾经起到它应有的积极作用，但在今天市场经济和法治建设中，它的负面作用不断显现出来。首先是多一个政府层级，容易造成信息失真，撤销这个行政层级有利于信息的准确传递。其次是多一个政府层级导致办事效率低下。街道办事处处于区政府与社区之间，让公民办事多了一个环节和程序，多了一份繁琐。而取消街道办事处，则能将效率大大地提高。

此外，由于街道办事处是县、区政府的派出机构，并不设立人大，不受社区公民选举产生，缺乏平级监督和民众监督，下不接地气，容易产生两个弊端：一是消耗和截留大量资源，造成浪费甚至产生贪污腐败；二是不注重倾听民声民意，做出的政策和措施，容易与民意相违。而县、区直接对接社区，则无须供养街道办事处大量的行政人马，节约行政资源。并且，由于社区直接面对民众，由民众选举产生，受社区民众监督，他们更注重倾向社区民众的心声，可以通过开听证会等形式，听取民众意见，

增强各种措施的合法性和合理性。同时，取消街道办事处也符合2004年国务院提出的建设“法治政府”的要求。法治政府是一个有限政府、廉洁政府和高效政府、服务政府，取消街道办事处，将原先“全能政府”包办的事项交由社区和行业自治组织去处理，行政权力从公民自治事务中退出，符合有限政府的要求；取消街道办事处，减少行政层级，减少行政资源的消耗，特别是能防范腐败的发生，符合廉洁政府的要求；取消街道办事处，让市民办事减少审批环节，提高办事效率，让政府工作人员更加务实为民众服务，符合高效政府、服务政府的要求。因此，从总体上看，取消街道办事处，是建设法制、高效率政府的大势所趋。

北京城市副中心的行政管理可以考虑将原来的“四级政府（市、区、街道、社区）、四级管理（市、区、街道、社区）”变成“三级政府（市、区、社区）、三级管理（市、区、社区）”。这样的层级压缩可以将公共服务直接下沉到社区，最大程度为居民提供更多、更便捷的优质公共服务。实施社区扁平化管理，在组织上解决了多层次等级制政府长期以来无法解决的问题，让社会管理和公共服务在社区层面有了一个扁平化的组织和实体的平台，平台不仅纵向整合了市政府、区政府和街道的社区管理职能，横向整合了政府各个部门的社区管理工作，而且还进一步整合了党组织领导、居委会民主自治和政府社会管理与公共服务职能。北京要进一步转变街道职能，进一步改变街道“重经济、轻管理、弱服务”的现象，将街道工作中心从发展经济转移到强化社会管理和公共服务上来。国内很多地区就减少政府管理层级，加强基层社会治理能力的现代化进行了大量的创新实践。湖北黄石、安徽铜陵、甘肃嘉峪关、贵州贵阳、黑龙江大庆等市的做法值得借鉴，这其中既有一般的地级市，也有作为省会城市的大城市，这些城市可以为北京城市副中心在探索减少社会治理层级方面提供经验。

（2）优化机构设置，控制编制规模

从进一步理顺权责关系、提高行政效能出发，将通州区部门人员分别派驻相关机构（人力资源、社会保障、环境保护、交通管理、安全生产监督、食品药品监督、城市管理等部门的派出机构）并入新区政府机关，按照大部门体制要求，与原通州区机关内设的12个机构重新整合，综合设置为新区若干个正局级规格的政府工作部门（个数应少于市直派出机构个数与区政府内设机构个数总和，相比区级政府工作部门24个的限额数相应减少）。控制人员编制不增加，新区各工作部门的人员编制在原来市直派出机构的编制和镇机关编制合并后再统筹分配使用，原则上不再新增人员编制。

（3）突出行政层级扁平化管理的理念，实现社区减负

遵循“减少层级、重心下移、充实一线”的原则；社区管理扁平化的改革思路是“精简管理层级，优化整合资源，实行区域化管理，加强党的基层组织”，以“减少管理层级，突出公共服务，强化居民自治”为目标的行政管理体制创新。城市副中心的层级改革应当在已有的社区减负成就的基础上，借鉴外地经验，进一步向前推进。编制公共服务进社区目录，严格落实工作“准入制”。凡依法应当由社区协助的事项，要为其提供必要的经费和工作条件；凡委托社区办理的有关服务事项，要实行“权随责走、费随事转”。规范针对社区的各种会议、台账、材料、报表、考核、评比、创建，各部门要充分应用综合信息系统，改变工作、检查和考核方式，实行台账电子化，减轻社区负担，形成良好的政社互动机制。

（4）厘清层级权责，充实社区的公共服务平台，加强社区职能

2014年12月，国家发展和改革委等发布的《国家新型城镇化综合试点方案》中“安徽省国家新型城镇化综合试点工作方案要点”在谈及“探索社区管理体制”时提出“探索区直接管理与服务社区体制”，这是从国家层面对撤销街道、推行城市社会治理扁平化探索的肯定。

北京城市副中心行政管理权限的合理划分，是发挥各级政府积极性和主动性的前提，也是政府层级管理体制改革中需要研究解决的关键问题。首先，如何合理划分各级政府之间的管理权限，既保证市、区级政府的统一领导，又使社区有相应的自主权，对于充分发挥社区的积极性有着十分重要的作用。其次，政府履行职责需要有相应的管理权限，只有做到权责一致，使各个层级的职能部门对职责范围内的公共事务有充分的自主权，才能确保各级政府更好地履行各自承担的职责。最后应当积极探索相关领域的创新，如区机构改革、公安体制改革等方式来进行制度创新。随着民主法治建设进程的推进，地方政府的治理能力不断提高，社会公众参与本地公共事务管理的愿望和能力不断增强，通过合理划分政府间的管理权限，明确地方各级政府的权限范围，将有助于地方政府和社会公众自主管理本地公共事务，为地方治理创造条件。

（5）积极培育扶持社会组织、发挥协助治理的作用

在副中心的行政体制改革中，应当重点突出社会组织的发展。首先是大力发展行业协会商会类社会组织。重点培育发展工业支柱产业、优势产业和新能源、新材料、新兴产业等行业协会商会。支持具有产品和市场优势的行业成立市级、区级乃至全国性的行业协会；支持国内外知名行业协会商会在副中心设立区域总部或分支（代表）机构。大力发展城乡社区服务类、科技类社会组织和公益慈善类社会组织。培育发展镇（街道）体育运动、

文化娱乐等社区组织，建立结构合理、专业化程度高的社区社会组织体系，形成基层政府、基层自治组织与社会组织密切合作的现代治理机制。其次是改革创新登记管理体制，加大实行直接登记的力度。申请成立行业协会商会类、科技类公益慈善类、城乡社区服务类的社会组织，直接向民政部门申请登记，社会组织业务主管单位改为业务指导单位。实行城乡社区社会组织登记备案。大力培育发展城乡社区社会组织，对符合登记条件的，依法予以注册登记。降低准入门槛。探索一业多会。引入竞争机制，可按国民经济行业分类的小类标准设立行业协会商会，允许同一行业按产业链各个环节、经营方式和服务类型设立行业协会商会，允许成立跨区域性行业协会商会。推行行业协会商会与行政机关脱钩。建立政府、社会监管和社会组织自律相结合的监管体系。再次，应当建立政府职能转移和购买服务制度。全面梳理和分解政府部门承担的职能，制定政府向社会组织购买服务的指导意见和目录，将适合以市场化方式提供的公共服务事项交由具备条件、信誉良好的社会组织承担。按照公平、公正、公开的原则建立竞争择优机制和绩效评价机制，为社会组织参与社会服务提供均等机会。最后，建立社会组织公共服务平台。加快建设社会组织孵化基地，以场地、资金、能力建设等方面的优惠政策吸引社会组织入驻，提供后勤保障、管理咨询以及信息、网络、培训等服务。成立社会组织促进会和社会组织服务中心等枢纽型社会组织，为社会组织提供公共服务项目策划、产品推介、信息发布、政策咨询、业务培训等服务。

5. 创新行政管理体制，完善统筹协调机制

理顺城市副中心规划建设管理系统的职能体系，健全新区级层面的统筹协调机制，深入推进“多规合一”“大部制”等体制

机制改革，保障城市副中心协调、有序、高效的运行。

（1）实施部门“大部制”推进行政统筹规划

①稳步推进“大部制”改革

进一步厘清部门职权，以机构改革“倒逼”职能转变，推进“大部制”改革，对性质相近、关联性强的管理职能与业务流程进行精简整合，理顺部门内部运行机制，不断提升管理服务效能。稳步推进规划局与国土资源局合并，实现空间规划与土地利用规划的协调一致，更好地发挥规划引领和控制作用。研究设立副中心城市综合管理委员会，统筹负责本区城市综合管理、城市环境治理和市政基础设施、公用事业、市容环境卫生管理等工作。

构建完善的“大部制”管理体制机制。坚持属地管理原则，建立事权明晰、权责一致，分工合理、管理科学、监督有力的大城管体制，推进城市管理从部门分割向综合协调、跨部门管理模式的转变，着力构建“区级协调、乡镇实施、全民参与、社区生根”的城市管理格局。改革创新，捋顺城市管理体制。总结并借鉴各地城市管理体制改革的经验与做法，针对城市副中心的实际发展需求，提出如下三种方案：

方案一：以行政综合为重点的城市管理体制。设立城市管理委员会，作为政府组成部门和城市管理主管部门，统筹领导城市管理、城管执法、社会治理等工作。城管委实行委员会制，住建委、市政市容委、交通局、园林绿化局、水务局、环保局、安监局、食药监局、社会办、应急办单位负责人为城管委委员。以上单位实行归口管理，城管委依法履行组织指导、综合协调、标准制定、监督考核等城市管理工作职能，发挥委员会在高位协调、整合力量等方面的作用，提升城市管理的权威性和有效性。城管委下设区级城市管理指挥中心和督察中心。整合城管、社区、治安等数字平台，依托网格化管理体系，城管指挥中心负责发现问题、分派问题，将问题根据各归口单位职责分派到各单位，同时将任务分派情况报督察中心，督察中心根据派单情况，对归口单位解决问题的情况进行督察考核，形成发现—上报—分派—处置—反馈—督察的闭环管理。

方案二：党建统领下的综合性城市管理体制。区委层面设立城管工委，政府层面依托市政市容委设立城市管理综合委员会，城管工委和城管委合署办公，负责统筹领导、组织协调和监督指挥城市管理各项工作。明确城管委作为全区城市管理工作主管部门，将城市管理工作统筹协调范围扩延至市政管理、环境管理、交通管理、水务管理、城管执法、园林绿化、环境保护、防灾减灾等方面。住建委、市政市容委、交通局、园林绿化局、水务局、环保局、城管执法局、安监局、食药监局、社会办、应急办实行归口管理。城管工委书记1名，由主管副区长担任；副书记1名，由城管委主任担任；由各归口单位党组织书记及城管委部分副主任担任工委委员。城管委以城管委机关为基础，以各归口单位为骨干、各单位主任兼任城管委副主任。同时，成立区级城市管理指挥中心和督察中心，也为城管委归口单位，职能与方案一相同。

方案三：按照城市管理对象进行部门职能调整的“大部制”城市管理体制。将城市管理对象进行细分，按照“一个对象一个部门管理”的原则，重新调整涉及城市管理的各单位职能。一是加强交通统筹，成立交通委，负责全区道路规划和交通组织管理。二是依托市政市容委，成立城市管理综合委员会，具体职能除原市政市容委职能外，将水务局供水相关职能、其他单位涉及道路养护、市政设施维护、公共空间秩序管理、再生资源回收利用管理等职能划入城管委。三是依托社会办，由社会办统一负责全区社区建设，将其他单位涉及城乡社区建设的职能划入。四是水务（除供水职能外）与园林绿化合并，统一负责全区道路绿化、公园建设管理、水系环境景观和卫生管理。五是工商分局的职能设置中增加对无照经营的管理职能。六是成立区级城市管理指挥中心和督察中心，职能与方案一相同。

构建新区统筹协调工作机制。研究成立由新区政府主要领导负责，各相关职能部门为成员单位的副中心城市规划建设管理统筹协调领导小组。进一步完善协调机制和常态化工作机制，定期召开工作会议，研究解决城市规划建设管理领域的重大事项与难点问题。

建立健全“多规合一”推进机制。以北京城市总体规划编制为契机，深化市——新区协作规划管理长效机制，加强副中心土地利用规划、经济社会规划及各专项规划与北京城区总体规划的有效衔接，在规划总体要求、空间布局、时序安排上实现一致。制订《副中心“多规合一”工作方案》，明确推进“多规合一”的原则与实施路径，通过召开协调会、联席会等方式，协调各部门规划立项、规划编制、规划审查及实施管理中的矛盾问题。搭建“多规合一”。信息联动平台，梳理各类规划存在的矛盾，整合各类规划空间信息，统一和规范规划期限、范围、土地分类等各项标准，实现一张蓝图绘到底。

建立城市规划的规范约束机制。习近平总书记 2017 年 2 月 24 日视察北京发表重要讲话，强调“总体规划经法定程序批准后就具有法定效力，北京市要坚决维护总体规划严肃性和权威性”。副中心作为核心区，要探索建立城市规划的规范约束机制，切实增强规划的权威性和刚性约束。经依法批准的城乡规划，必须严格执行，不得随意修改。确需修改的，应坚持增减挂钩原则，依照法定程序报原审批机关批准。

创新政府责任清单制度。全面梳理城市规划建设管理领域各个职能部门的职责、权限，按照权责匹配的原则，完善权力清单制度，建立副中心政府行政权力库，以清单方式明确界定城市规划建设管理各部门的职责，减少职能交叉，并公之于众，主动接受群众监督。加快推行社区一级权力清单，推进新区层级的行政管理和服务事项向社区（村）下沉，强化社区层级的城市管理职能。

②建立权责匹配、高效联动的社区“大部制”管理服务机制

深化新区、社区管理体制改革，推动城市管理重心下移、职能下沉、资源下放，做强社区，探索权责匹配、高效联动的基层管理长效机制。

深化社区自身管理体制改革。深化全国社区治理和服务创新实验区建设，调整优化社区职能和管理体制，研究社区职能科室整合，探索街社区一级“大部制”管理体制改革，健全扁平化服务机制。强化属地管理，推进新区行政管理和服务事项向街镇、社区下沉，着力提升社区对地区事务的统筹能力，实现行政服务事项就近受理、同社区通办。明确赋予社区对下沉到社区的专业管理部门派出机构的统筹调度和监督考核权。围绕创新创业社区、“微创业项目”等新模式对基层管理提出的新要求，探索街镇服务“双创”的新机制，在创新基层治理中搭建创业联盟等对接平台，引导与整合各种资源，强化精准化服务。

健全“大城管”管理体制。推进城市管理体制改革，深化“五统一”城市管理综合考评工作体系，以“城市服务管理指挥中心综合协调、市政城管等部门有力组织、各街镇统筹推进”的方式，构建“大城管”工作格局。完善街镇多部门联合执法机制，扩大街、镇联合执法队联合部门范围，增加市政、园林、环保、水务、规划与土地监察等方面的部分行政处罚权，把相应的执法权也下放到社区，避免交叉执法，推进城管扩权，顺畅城市管理。充实社区居委会等基层城管力量，保障基层社区、居委会人员经费，充分调动基层的积极性。

加快推进社区减负增效。改进和完善社区工作准入制度，全面推进清单式管理，梳理制定新区、社区权责清单及社区工作站、社区居委会工作事项清单，凡不在工作事项清单内的拟下放事项，经相关部门审核后报区委、新区政府审定，严禁擅自向社区下达或转移工作任务。优化社区行政服务，整合驻社区各类行政服务窗口，打造“一体化”社区综合管理服务平台，理顺与社区内设机构的前后台关系，实行“一体化”办理程序、服务“最后一公里”问题的各类评比考核项目，明晰社区职责边界，解决为民取消社区层、清理各职能部门在社区设立的工作机构、工作台账等，深入推进社区自治。

构建系统协同、先进适用的建设管理标准化机制。深化落实《首都标准化战略纲要重点任务》，推动实施标准化战略，建立完善的标准化体制机制，强化城市规划建设管理领域的标准实施与监督，提升标准化服务能力。

建立城市规划建设管理全覆盖的标准体系。贯彻北京市政府《关于加强首都城市管理服务标准化的意见》，健全落实首都标准化战略的体制机制，强化城市规划建设管理标准的整体性和持续性。注重城市规划、建设、运行、管理等各领域、各环节标准创制的统筹衔接，加强规划设计、施工验收、运行管理等全流程标准监管，规范工作流程。注重标准制度配套和持续改进，实现宏观层面统筹规划的指导性标准与微观层面切实可行的具体工作标准相衔接。推广一批城市规划建设管理领域的先进标准，不断提升城乡规划与建设管理水平。

“智慧城区”建设推进标准化体系的有效落实。紧密结合城市建设和精细化管理需求，不断深化智慧城管建设，加快推进数字市政建设、网格化管理等领域的技术标准试点。构建便捷高效的信息感知和智能应用体系，基本形成智慧交通、智慧电网、智慧物流、智慧健康等智慧城市应用领域标准体系。加强“信息城管”建设，优化城市管理标准化执法流程，通过对关键节点的控制，在互联网上形成完整的流程，实现执法权的链条式管理。加强核心区企业的先进技术、先进产品在“智慧城区”建设中的示范应用与推广，社区大部制提供技术保障。

强化标准化体系的实施与监督机制全面推行标准化执法和标准化管理，以标准和规范为依据，建立内部评估与外部评估相结合的标准化工作评估机制。建立“以网格化监管为载体，以落实部门监管责任制和监管责任追溯制为核心，以定期轮岗和工作业绩考核考评制度为保障”的常态化标准监管工作机制。完善标准实施的信息反馈渠道，充分发挥新闻媒体、社会组织和居民对标准实施情况的监督作用，全面推进标准化建设工作。

（2）创新因地制宜、分类指导的建设管理推进机制

坚持因地制宜、分类指导、精准施策，结合城市规划建设管理所涉及不同区域、不同领域的实际需求，采取差异化、有针对性的体制机制改革举措。

基础设施建设与管护长效机制。结合副中心城区、城乡结合部和农村地区基础设施存在的瓶颈问题，建立基础设施建设与管护差异化长效机制。对于副中心城区，重点开展道路、市政等基础设施的改造、更新与升级；进一步加强基础设施管理维护工作，探索地上地下一体化设施管护长效机制。对于城乡结合部和山后农村地区，重点补齐道路、供（排）水、气暖、垃圾处理等基础设施短板，解决好基础设施陈旧、落后及管护不到位的问题，切实提升基础设施承载能力与水平。

分区域创新城市更新改造模式。结合城乡结合部、城中村、背街小巷等不同区域的特点，创新城市更新改造模式，提高土地集约利用效率。加强对城市更新改造项目的规划管控与政策引导，

避免用地产权分割、建设项目零敲碎打等问题，促进土地资源整合，纳入统一平台，探索项目联动开发模式。对于老旧社区、背街小巷的改造，建立区级综合整治工作台账，重点加强对老旧社区及背街小巷等道路、建筑、景观、市政管网等物理空间的更新修复，促进这些区域环境与服务提档升级。

探索海绵城市、地下综合管廊等新理念的多路径实施机制。城市规划建设过程中积极引入海绵城市、街区制、地下综合管廊等新理念。需要注意的是，短期内有些新理念难以实现全区覆盖，必须结合城市规划与建设的实际，探索多路径落实这些新理念的机制。一是将绿色低碳、智慧城市等新理念在全区范围内推广，并将其贯穿于副中心“一城三街”“三山五园”历史文化景区等重点区域规划建设与管理的方方面面。二是开展海绵城市、街区制、地下综合管廊等新理念建设试点，比如，探索在新区 CBD 开展海绵城市、地下综合管廊建设试点；在城市更新改造区、新建社区等开展街区制试点，推动发展开放便捷、尺度适宜、配套完善的生活街区。

建立不同领域差异化、特色化的城市管理服务体系。城市管理是一个复杂的系统，涉及环境整治、社区管理、农村治理等多个不同领域，要针对不同领域的特点，建立差异化、特色化的城市管理服务体系。环境综合整治方面，要进一步强化社区“门前三包”责任管理制度，建立条块联动、齐抓共管的长效管控机制，加大违法建设综合执法力度。社区管理方面，重点推进老旧小区准物业管理，推广智慧社区居民医疗养老健康平台等模式，加快智慧社区管理服务平台建设，总结推广治理经验，加强老旧小区自我服务管理，探索促进社区自治组织健康发展的新机制。

（3）探索共建、共治、共享的多方主体参与机制

搭建多主体参与的公共服务平台，充分调动驻区企业、社会

组织和居民等各类主体深度参与城市规划建设管理的积极性和主动性，构建“共建共管、共治共享”的多元主体参与机制。

建立副中心政府购买城市管理服务运行机制。北京城市副中心的建设应坚持“改革创新，有进有退”“公开择优，平等竞争”“规范管理，注重绩效”的原则，深化政府购买公共服务改革，建立“副中心政府购买城市管理服务运行机制”。完善政府购买服务的指导目录，明确服务项目选择、定价、竞标、考核及承接主体信用体系等实施机制。以基础设施管护、公共交通治理、绿化养护、环境整治等领域为主，在新区 CBD、政务区等重点地区率先开展政府购买城市管理服务试点，逐步推广到全区范围。

健全“枢纽型”社会组织参与的服务机制。创建区、街镇、社区三级“枢纽型”社会组织参与服务平台，以公益创投、政府采购、设立项目资金等方式，加大对“枢纽型”社会组织参与城市建设管理的扶持力度。定期开展政府对社会组织的业务指导和依法监督，率先实现社会组织工作体系全覆盖。鼓励引入政府与社会资本合作（PPP）方式，推进基础设施、市政公用、公共服务等领域的社会化、市场化运营，引入第三方治理主体。以驻区创新创业人才和居民的需求为导向，培育志愿服务、公益慈善、社区管理等组织，建立社区、社会组织和社工“三社联动”机制。

构建副中心与企业、科研机构共驻共建机制，并积极争取北京市试点。发挥迁入新区科技企业及科研机构的积极性，建立驻区经济组织参与副中心城市治理的共驻共建长效机制，不断健全与驻区单位的内外协调联动机制。充分利用驻区大型企业、科技创新机构在资源、信息、人才和营销渠道等方面的优势，探索通过奖励、补贴、服务“绿色通道”等方式，支持驻区企业和机构提供大数据等信息服务，鼓励将部分文化场所、停车设施等适时向周边社区居民开放。

加强社区居民、村民自治体系建设。推广“参与型”社区协商模式，健全社区议事协商会议和社区事务听证会制度，逐步将公共服务、公益事业等事项纳入民主议事范畴。发挥市民公约、居民规约、组织章程等社会规范在社区治理中的作用，培养居民的规则意识、程序思维和法治认同。以破解社区安全、物管服务、停车管理、环境维护等治理难题为出发点，加快社区自管会、村民自管会等自治组织建设，引导居民自我服务、自我管理。依托互联网、微信公众号、手机 APP 等新媒体构建新型公众自治参与渠道，建立城市管理公众评价机制，鼓励居民参与城市建设管理的突出问题和重大事项。

（4）实施人才安居工程，为现代化行政管理体制奠定人才基础

实施人才安居工程，针对不同群体实行分级分类管理。建一些居家式高端人才公寓，适用于“千人计划”人才、列入北京城市副中心领军人才培养计划的人才、符合条件的优秀创新创业人才以及对本区经济社会发展有较大贡献的企事业单位负责人、总监、业务技术领导层等高层次人才。建一些舒适型人才公寓，适用于本区外滩金融集聚带建设引进的各类优秀人才、区域重点企事业单位的骨干人才及符合条件的行业优秀人才。建一些经济型酒店式人才公寓，适用于本区金融及文化创意等领域引进的紧缺急需人才。

### 6. 持续推进城市副中心综合管理改革

（1）分类分区，创新精细化管理模式

北京城市副中心的城市形态具有复杂性，城市不同板块的空间形态、发展阶段各异，所面临的问题与实施关键点不同。只有通过分类分区模式进行城市管理，才能够最大程度地满足持续发

展的多样化需求，促进城市管理的标准化和精细化，从而提升城市管理效能。

点线面结合，分类提升城市特色品质。以提升城市品质为目标，突出重点、讲求实效，从节点、地标、路径、轴线及界面着手，进行精细化建设管理，实现城市面貌焕然一新，促进城市品质全面提升。一是抓重点，攻难点，突出做好重要城建项目以及门户节点的建设改造工作，并利用空间缝合等城市建设管理技术，解决一批交通堵点、卫生死角等城市痼疾。二是美化分割线，提升主干线，通过提升运河水系、八通线等沿线绿化，保护恢复生态环境，拉大美化生态空间，打造靓丽休闲风景线。同时加强景观综合整治，规划整治城市标识系统和交通标识系统，构建既与国际接轨又有副中心特点的城市形象。三是突出特色面，做实基本面，高起点规划、高标准建设、高水平管理行政办公区、运河核心区、北京环球主题公园及度假区等承载特色功能的重点片区，彰显通州城市新形象，树立北京城市新地标，并加强统筹城市总体规划，优化扩大城市发展框架，做好城市风貌控制，打造多个特色鲜明、配套完善、功能符合的示范片区和展示面。

全域统筹，分区塑造城市形象。根据副中心空间布局，将全区分为政务新区、商务中心区、北京环球主题公园及度假区三个区域。重点功能区展现北京城市副中心标志性新形象，主要包括政务新区、商务中心区、文化旅游区，其中城市副中心高端功能是最重要承载区域和展示窗口，率先实现城市管理综合模式试点示范，塑造成为通州城市中特色最鲜明、品质最优越、管理最有序的区域（见表 5.1）。

表 5.1　副中心分区管理目标和主要管理方向

| 区域类型 | 城市管理目标 | 主要管理方向 | |
|---|---|---|---|
| 城市副中心功能区 | 政务新区 | 展现北京城市副中心标志性新形象 | 1. 安全高效 2. 低碳智慧 3. 示范创新 4. 开放亲民 |
| | 商务中心区 | | 1. 功能完备 2. 交通便捷 3. 特色鲜明 |
| | 北京环球主题公园及度假区 | | 1. 城市化管理 2. 智慧便捷 |

（2）加强重大城市项目支持，确保城市管理实施落地

为了切实保障城市管理综合改革目标的实现，应当推出包含交通提升、市政改造、城市安全、公共服务、城市环境、人口管理和社区治理七大类城市项目，突出软件提升，兼顾硬件完善，即在新理念的指引下，用新的和国际、国内成功案例的管理技术来破解城市难题。

交通提升方面。着眼于交通拥堵的治理，一是“溯源”，在交通的参与者——机动车上做“减法”，推动实施公共交通优先方案，鼓励共享单车的推广。加快建设一体化、集约型的公共交通枢纽，形成连续成网的自行车专属道路系统，大力倡导和推广绿色出行。二是“追本”，在交通的供给方——路上做“加法”，落实路网通行提升工程，打通各类“断头路”，优化道路进出口，形成“窄马路、密路网”的城市道路布局。三是“解困”，在交通流的静态管理——停车上，实施停车管理优化提升，切实加强停车疏导和治理，解决停车难题。四是“添智”，在交通的组织上，通过智慧交通工程，建设车联网、智能交通指挥中心、交通综合信息服务平台、智慧疏导信息系统等，从信息数据应用和智能技术支撑上缓解交通拥堵问题。

市政改造方面。着眼于城市“脏、乱、污”的治理，系统实施市政管网数字化提升工程、市政综合管廊工程、市政管网智能化提升工程、市政设施承载力提升工程四大工程，建立起完整的

市政设施电子身份档案，形成若干智慧化市政管理平台，提升城市市政基础设施的综合承载能力，实现市政设施的智能化、信息化管理。

城市安全方面。着眼于各类安全风险的防范，实施平安通州项目和应急管理项目，落实安全生产的终身责任制，形成健全的应急指挥体系，推进城市安全体系建设。确保安全，保障副中心居民人身、财产、生命、信息等安全。

公共服务方面。着眼于便民利民，推动实施多彩夜景点亮通州项目，打造通惠河沿岸特色的夜景景观，营造整洁卫生规范的市场环境，以新的规划理念规划广场、街区、街道等公共服务设施和公共空间，满足市民对更高生活品质的追求。

城市环境方面。形成良好的城市秩序和美好的生态环境，落实城市环境综合治理行动、生态环境美化微工程、城市艺术妆点计划、水岸通州等项目，立足副中心现有的城市环境的突出问题，补短板，提形象，进行公共空间治理，开展城市家具设计、道路景观美化、外立面围墙美化等工程，用艺术手法妆点城市面貌，发挥副中心“水”“绿”的天然优势，塑造端庄、大气、稳重的城市特色风貌。

人口管理方面。着眼于人口总量控制、质量提升，系统实施流动人口全管理工程、高端人才引进工程、市民文明素质提升工程三大工程，针对不同类型的流动人口进行分类管理，引进符合城市副中心发展定位的高端人才，开展市民行为规范、素质提升、宣传教育等工作，创新城市副中心人口管理方法，缓解“城市病”，加强城市化，探索出可复制、可推广的城市人口管理经验。

社会治理方面。着眼于社会共治，从社区、组织和个人三个层面着手，通过实施“楼门文化”提升计划、城市管理社会化工程、义工发展计划等，在全区范围内推广楼门文化，构建起完善的社会、市场、居民参与城市管理的体制机制，充分调动每个城市成员的积极性，实现共同治理。

（3）突出改革创新，跨越式提升城市管理综合水平

以体制机制创新为要务，借鉴国际、国内发达地区城市管理模式，融合创新城市管理理念，加快理顺副中心管理部门的职责关系，明确优化规划、建设和管理衔接，完善优化政府机构设置，切实提高行政效率，构建符合副中心运行和人民生活需要的城市管理新模式。

创新规划管理机制，切实加强规划执行力度。增强规划的前瞻性、严肃性和连续性。一是高位统筹，促成多规合一，以总规编制为契机，推动城市规划管理和国土资源管理部门合一，并成立城市综合规划领导小组，实现高位统筹，同时分别抓好总规和控规层面的多规合一。二是落实街区制。做好实施单元控规，通过编制落实实施单元控规和统筹调整老城街区控规，“做小做细”规划，有效实现区域空间形态和功能的多样性。三是强化规划公开和监督，加快形成规划依法公开监督体系，建立健全规划督察管理机制，规范规划执行考核制度，严格规划修改程序，以加强社会对规划执行的监督，确保规划执行的刚性，从根本上解决政府“两面人”的问题。

完善城市建设统筹机制，协同推进管理关口前移。首先是完善城市建设统筹体系，完善明确城市建设主体，统一城市建设标准，实现北京城市副中心重大建设任务有序推进。其次确立管理部门验收资质，设立城市建设管理互通机制，加强管理单位对建设项目的验收交接，并研究建立快捷、科学的专项验收机制，推动竣工验收环节“放管服”改革。再次是成立建设管理审查专家委员会，遴选一批规划建筑专家，对北京城市副中心各类项目的建设，统一进行高标准严要求的专业性、技术性审查。最后是改

革创新城市管理体制机制。以城市管理现代化为指向，以理顺体制机制为途径，以“智慧城市”与“云动政府”建设为契机，强化政府职能转变，加快构建与北京城市副中心功能定位相适应的现代化城市管理体系。

系统法治，实现管理执法机构综合设置。明确执法职责边界，落实执法主体责任，提升城市综合执法水平。整合市政公用、市容环卫、园林绿化、城市管理等城市执法职责，同时派驻公安、消防、交通等力量，成立区综合执法局。完善执法制度，研究制定出台相关法规条例。将副中心纳入中心城区管理范畴，建立与北京城市副中心功能定位相适应的管理体制、人员编制，高标准配备消防、公安、食药品安全等人员队伍力量。规范协管人员队伍建设，健全完善进退机制、工作机制、奖惩机制，严格执行协管责任连带制。

将管理重心下沉社区层面。强化社区统筹管理能力，落实属地责任，在改革后的大社区设立城市管理指挥分中心和督察分中心。各专业部门执法力量下沉大社区，增强大社区对下沉执法力量的协调指挥，并对相关执法部门执法情况进行考评，把“条块结合、以块为主、属地管理”要求落到实处。

（4）探索“街区制”改革，增强城市活力

封闭式小区用围墙将城市割裂为一个个狭小单元，每个单元只能在内部进行简单循环，妨碍城市内部经济循环和居民交流。与此相比，实施街区制改革，逐步拆除围墙能使封闭小区的绿地、停车泊位、小型商铺等城市资源公共化，带动大范围的商业交流活动，增强小区间的交流，以前没有充分发挥价值的城市“神经末梢”被激活，将对整个城市的发展增添巨大活力。另外，由于小区间的界限打破，原有的以社区为单元的封闭式城市形态也就不复存在，这样一来，整个城市活力会增强。实施街区制改革，将告别横在人与人之间冷漠的“铁栅栏”，并且以居民自我为中心的“熟人”邻里关系网络建立起来，会提升城市居民的幸福感。实施街区制改革有助于城市整体规划。我国城市发展目前面临诸多问题，特别是在规划建设中，暴露出如建筑垃圾随意堆放、公共绿地被占用等问题一直是各方关注的焦点。实施街区制改革，会对城市建设实行统一规划，城市布局会具有整体性，同时由城市建设所产生的问题会有相关部门统一解决。实施街区制改革会对公共权益的划分和使用趋于合理化。公共权益主要指建筑区内的道路、绿地、停车泊位等公共资源。在原有的封闭式小区建设中，公共资源是归居住在小区内的业主共有的权益，不同程度上造成了公共资源的闲置和浪费，因为公共资源外部性覆盖的范围是远远大于居住在封闭式小区内居民所需的，所以即使闲置下来的公共资源也被封闭式小区内的业主强行占有并且没有得到充分使用，而另一方面，封闭式小区以外的市民对公共资源的需求又得不到满足。实行街区制改革是对城市中公共资源进行合理的利用和高效的配置，同时具有维护所有城市居民公共权益作用。

居住区内的道路等属于小区业主共同私有财产，而且业主们每月缴纳的物业费也有很大部分是用于小区道路、绿化等公共设施的正常运行。因此，小区内部道路公共化需要遵从以下3个方面。

开放封闭小区需要尊重居民权益。街区制的推行需要加强宣传，务必使民众知晓并非所有小区均要拆除围墙，而是针对妨碍交通组织的单位大院和大型社区，并且要先行立法，在实施过程中还须有民意征集、社会听证、征收补偿等环节，切实尊重居民利益，争取大多数市民支持。最优的情况是地方政府与业主们协商一致同意开放封闭小区。《物权法》第七十六条规定了 7 种由业主共同决定的事项，其中“改建、重建建筑物及其附属设施”，“应当经专有部分占建筑物总面积三分之二以上的业主同意”。

小区道路公共化必然涉及对相关道路设施、门禁系统的改建，在获得业主同意的前提下，可以通过协商方式解决。但是，如果业主不同意，地方政府只能以征收方式打开封闭小区，经过正当程序给予业主补偿，并把这部分土地的使用权收归国有。其中，补偿应当包括退回相关土地使用权剩余年限的土地出让金、道路建设成本、给小区居民带来不便的补偿等。最后，现在已有少部分土地使用权限到期、政府作为土地所有者可以依法收回相关道路的土地使用权，将原小区部分公共用地改变用途，作为社会公共道路。但是，大多数住宅小区的土地使用权限为70年，现在考虑仍为时尚早，此种方法对于打开道路、解决交通拥堵只能是远水不解近渴。总之，在产权明晰和法治化的前提下，面对安全生活与交通方便等不同诉求，政府与私人业主之间可以依法通过博弈达成解决方案。合理的改革路径应当是按照现行法律的规定，切实考虑业主付出的成本和现实需求，采用市场和法律的办法实现“逐步打开”，而不应当采用行政手段强硬推进。

明确开放程序需要由易到难开展。在城市人口密集处打破画地为牢的格局，从长远看无疑是积极的。然而，我们应清楚这需要一个有相当难度和时间长度的转变过程，它的平稳推行应重在引导和顺势而为，充分考虑其实际可操作性，避免成为类似“拆迁”式的强制推进。首先从新建社区不再封闭做起，如果开放社区的楼盘能够卖得出去，就会对新的居住风尚形成示范，逐渐积累对城市规划改造的积极影响。然后开放老的社区，从超大型社区，以及其封闭性对包括区内业主在内的当地群众构成严重生活妨碍、群众对开放社区本身就有愿望的地方做起。对道路交通影响不大且牵扯到复杂物权的小区，不应过早列入开放规划的范围。同时，一些实际安全保密压力不大的社会组织机构大院（包括大学、企事业单位和政府机构等）如果处在完善城市交通网络的重要位置，也应去大院化。应当鼓励它们当中的一些单位（如大学等）带头拆除围墙，融入城市的街区化进程，助推城市的深度开放。这方面，湖南大学、哈尔滨工程大学等本身就是很好的范例。针对大型老旧社区的开放，各地必须慎重且尽快启动，选择城区主要堵点附近的大型社区开展试点，并由相关专业组织机构进行跟踪研究，总结经验教训以利于制定并推行具有可操作性的本地区“条例”。另外，可借鉴国内现有类似街区制的典型社区经验，如重庆市渝北区江与城社区等。已建成的住宅小区和单位大院客观上不具备共享内部道路的坚决不能强拆硬搞；客观适宜共享内部道路的住宅小区和单位大院，在法治先行和民主协商的前提下应逐步开放。

借鉴国外经验，充分满足居民要求。1977 年，世界建筑师大会发布《马丘比丘宪章》强调，城市应是具有持续性和一体化的结构体系，明确邻里间、地区间以及城市内部各单元间的功能关系，解除城市模块间的藩篱。现代规划大师简·雅各布斯在《美国大城市的死与生》中指出街区制存在不安全因素的原因不是街区地理位置，也不是穷人和流浪汉的问题，若要消除街区的不安全隐患，需增加街道“人气”，如沿街开设夜晚仍活力不减的各式小店、小酒吧、电影院等，在装点住宅区魅力的同时提升街道的吸引力，为街区提供稳定的安全保障。1990 年以来世界各国大规模实施街区制项目并逐年递增，比如美国 2004 年比 2003 年增加了 37%，达到 648 个项目。较为保守的英国则通过制定相应的法律来维护街区的安全秩序与休闲空间，包括《街区保护法》（1967）和《城乡规划法》（1971）等，从最初针对单体建筑的保护扩展到多个建筑的集合体，逐步形成街区保护的概念，这些制度存续至今并一直维护着英国的街区安宁。中国推广街区制，可以借鉴欧美国家的规划与法律制定，新建或改造旧社区为规模适度、四面围合的居住组团（50—100亩），还要保证后续的智慧安保、新型物业等各种措施能够跟上，以满足居民对安全、清洁、休闲的要求。

（5）加快社区管理体制改革

改革副中心的行政管理体制，奠定城市精细管理基础。具体做法：一是提高社区管理范围。加快研究社区区划调整，缩小各区级政府管理幅度，在副中心155平方公里范围内建立18—20个大社区，实行大社区制，将各个社区平均管理幅度提高为7—9平方公里左右，优化街道办事处的管理幅度。二是促进社区职能转变。深化社区体制改革，强化管理与公共服务职能定位，建立与城市管理体制相适应的大社区管理体制。推动居委会职能转变，减少带有行政色彩的社区活动，避免社区组织成为上级的传声筒、广播站；逐渐增加贴近居民生活的服务性内容，切实参与到居民的生活之中，逐渐实现社区工作从围绕上级指示到围绕群众需求的转变。三是实现大社区管理与事权、人权、财权相匹配。进一步建立和完善社区的人员编制，按照编制、事权与财权相统一原则，根据社区的功能定位、经济发展水平、人口规模、地域面积等因素，增加人员编制，区别对待，加大对社区的支付力度，增强社区自身发展动力和能力；完善社区的事权补助机制，每年给予社区一定的城市管理专项资金，城管罚没资金全部留归社区，用于城市管理费用支出，同时，探索建立社区财政体制，进一步调动社区涵养税源抓收入的积极性，提高统筹协调促发展的能力。

（6）完善城市规划建设管理的法治保障机制

深化城市规划建设管理领域的改革创新，必须以实现法治化为保障，通过体制创新与机制设计，将法治化具体落实到城市规划、建设和管理的全过程。

强化规划实施的执法与监督机制。争取市规委等相关部门的支持，健全责权统一的区级规划实施与监督体系，强调以法制手段维护城市规划的权威性与强约束性。建立副中心规划管理行政责任追究制度，将规划管理的行政责任具体分解，明确责任主体，对城市规划管理的违法行为追究直接责任人的责任。完善专家和公众咨询制度，搭建多主体参与城市规划的电子化公开系统平台，加强对新区重点规划项目实施监督，及时发现、纠正和处理各类违法违规活动。

研究设立“副中心城市管理巡回法庭”。建议研究在新区人民法院设立“城市管理巡回法庭”，负责审理副中心城市管理行政执法过程中涉及的行政案件和各执法单位申请法院强制执行的非诉行政案件，实现标准化执法与“罚执分离”。城市管理巡回法庭实行“审执一站式”运作模式，针对城市管理过程中出现的违章违法建筑、破坏城市设施及市容环境等普遍问题和难点问题，开展专业化城市管理行政审判、强化非诉行政案件的执行、有效衔接诉前调解和诉讼协调。

深入推进城市管理综合执法体制改革。围绕实行“大部制”、执法重心与执法力量下移的改革方向，合理划分副中心管理职能部门与综合执法部门的职责权限，建立部门间无缝衔接的监管机制以及新区的综合执法统筹机制，加强新区城管综合执法监察局对各社区综合执法队的业务指导，完善对重大疑难城市管理综合执法问题的协商处理机制。深入推行法律顾问制度，加强对重大综合执法决策的合法性审查。健全城市管理行政执法责任追究机制，强化“谁办案谁负责、谁审核谁负责、谁审批谁负责”的意识，将法定执法职责细化分解到各个执法部门、执法岗位和执法人员。建立城市管理综合执法信息与社会信用信息基础数据库联动机制，将执法中涉及的法人、公民和其他组织的违法情况纳入诚信档案。

# 参考文献

[1] [ 美 ] 戴维 · 奥斯本 , 特德 · 盖布勒 . 改革政府 : 企业家精神如何改革着公共部门 [M]. 上海译文出版社，2006.

[2] [ 美 ] 珍妮特 · V. 登哈特，罗伯特 · B. 登哈特 . 新公共服务 : 服务 , 而不是掌舵 [M]. 中国人民大学出版社，2014.

[3] 俞可平 . 引论 : 治理与善治 [J]. 马克思主义与现实，1999（5）.

[4] 王诗宗 . 治理理论及其中国适用性 [M]. 杭州 : 浙江大学出版社，2009 .

[5] [ 美 ] 查尔斯 · 沃尔夫 . 市场，还是政府——不完善的可选事物之间的抉择 [M]. 重庆出版社，2007.

[6] 顾建光 . 从公共服务到公共治理 [J]. 上海交通大学学报，2007（3）.

[7] 鄞益奋 . 网络治理：公共管理的新框架 [J]. 公共管理学报，2007（1）.

[8] 潘宏远 . 新加坡最大数据中心将建成 [N]. 人民邮电报，2015–11–04.

[9] 高新军 . 美国大城市的管理与监督体制 : 以纽约为例 [EB/OL]. 腾讯网"燕山大讲堂"2009.9.5.

[10] 冷熙亮 . 国外城市管理体制的发展趋势及其启示 [J]. 城市问题，2001（1）.

[11] 高小平 . 大数据与政府改革创新 [N]. 光明日报，2016–12–21.

[12] 王维国 . 城市基层管理体制改革的路径与模式选择 : 以北京为例 [J]. 新视野，2009（5）.

[13] 都振宇 . 以“政区合一”为目标的开发区管理体制探索 [D]. 杭州 : 浙江学，2008.

[14] 丁福浩 . 中国经济技术开发区的模式研究 [D]. 武汉 : 华中科技大学，2004.

[15] 丁元竹 . 公民服务 · 社会创新 · 政府改革 [J]. 开放导报，2004（3）.

[16] 丁元竹 . 对建立和完善社会管理体制的若干思考 [J]. 中国行政理，2007（9）.

[17] 高翔 . 我国开发区管理体制的发展沿革和创新路径—以上海市开发区为研究对象 [D]. 上海 : 华东政法大学，2010.

[18] 韩伯棠，方伟，王栋 . 高新区与经开区的趋同趋势及两区合一的管理模式研 [J]. 特区经济，2007（4）.

[19] 潘孝军 . 城市化理论研究综述 [J]. 广西经济管理干部学院学报，2006（1）.

[20] 姜爱林 . 近年来中国城镇化研究的重点与热点问题 [J]. 黑河学刊，2002（6）.

[21] 李学锋 . 生态时代城市发展的国际借鉴与中国愿景 [J]. 上海城市理论，2012，21（3）.

[22] 李保力 . 我国开发区行政管理模式研究——以郑州经济技术开发区为例 [D]. 郑州 : 河南大学，2011.

[23] 李昌平 . 乡镇体制改革 : 官本位体制向民本位体制转变 [M]. 法律出版社，2004.

[24] 罗沛霖，杨善华，程为敏 . 当代中国农村的社会生活 [M]. 北京，中国社会科学出版社，2005.

[25] 徐勇，吴理财 . 县乡村治理体制反思与改革 [M]. 西安，西北大学出版社，2004.

[26] 高新军 . 处于体制冲突和矛盾焦点中的乡镇党政 : 困境、挑战、借鉴和出路 [J]. 政法论坛，2003（3）

[27] 张洪军 . 生态规划 : 尺度空间布局与可持续发展 [M]. 北京 : 化学工

业出版社，2007.

[28] 杨建文 . 浦东新区 : 探路行政管理体制改革困 [N]. 南通日报，2007.4.9.

[29] 杨玉杰 . 健全我国开发区管委会管理职能的措施分析 [J]. 管理视野，2010（3）.

[30] 余乐龑 . 浦东新区两级市运作模式 .[N].21 世纪经济报道，2005，5（11）.

[31] 余潇枫 . 比较行政体制 [M]. 浙江大学出版社，1999.

[32] 郑忠明，李华，周志翔，等 . 城市化背景下近 30 年武汉市湿地的景观变化 [J]. 生态学杂志，2009.2.

[33] 周宗猛 . 公共管理视角下的中国政府改革 [D]. 北京 : 首都经济贸易大学，2010.

[34] 赵海娟 . 我国开发区行政管理体制创新研究——以烟台经济技术开发区 [D] 西安 : 西北大学，2011.

[35] 赵云丽 . 我国开发区管理体制问题研究 [D]. 济南 : 山东大学，2009.

[36] 周庆 , 史相宾 , 赵立志 . 基于 TOD 模式的绿色城市组团设计策略研究 . 城市发展研究，2013，20（3）:29—34.

[37] 朱勤军 . 中国政治文明建设中的协商民主探析 [J]. 政治学研究，2004（3）.

# 后　记

研究北京城市副中心行政管理体制创新是一件非常有意义的事情，一是有利于形成北京城市副中心现代化治理体系，二是有利于促进京津冀协同发展国家战略的实施，三是可以为雄安新区行政管理提供参考。课题研究得到了北京社科院和北京市编办的大力支持，在此表示衷心的感谢！

在研究的过程中我们遇到了很多需要解决的难题，社科院和管理所的专家不遗余力地给予了我们很多智慧和帮助，感谢庞世辉副研究员、毕娟副研究员、李江涛副研究员、门玉峰副研究员、吴向阳副研究员、鄢圣文副研究员、罗植副研究员、李志斌博士、董丽丽博士、王婧博士，对各位专家和学者无私的智慧奉献致以诚挚的谢意！

红旗出版社刘险涛、周艳玲编辑对本书的出版付出了艰辛的劳动，对本书的内容修订、结构优化和形式美观都提出很好的建议，对编辑的才华和效能我们无比钦佩，能在红旗出版社出版研究成果感到非常荣幸！

施昌奎研究员负责全书的结构设计、内容安排和统筹编辑工作，并写作第一章、第二章部分内容、第三章和第五章；陆小成研究员、王婧博士、董丽丽博士、杨浩博士负责第二章部分内容写作任务；杨浩博士负责第四章的写作任务。

由于学术水平有限，书中错漏在所难免，欢迎各位专家和读者朋友批评指正。

作 者

2017年6月15日于北京